台静农全集

台静农年谱简编

黄乔生 主编

海燕出版社

图书在版编目（CIP）数据

台静农年谱简编／黄乔生主编．—郑州：海燕出版社，2015.10（2016.4重印）
（台静农全集）
ISBN 978-7-5350-6418-9

Ⅰ.①台… Ⅱ.①黄… Ⅲ.①台静农（1902~1990）—生平事迹 Ⅳ.①K825.6

中国版本图书馆CIP数据核字（2015）第221658号

选题策划	黄天奇	美术编辑	刘　瑾	责任发行	贾伍民
项目统筹	胡宜峰	责任校对	刘学武	责任印制	邢宏洲
责任编辑	朱立东		高　天		

主　编	黄乔生
编　撰	刘思源
整体设计	张　胜
版面制作	从文工作室

出版发行　海燕出版社
（郑州市北林路16号　邮编：450008）
发行热线　0371-65734522
经　销　全国新华书店
印　刷　河南省瑞光印务股份有限公司
开　本　32开（787毫米×1092毫米）
印　张　4印张
字　数　80千字
版　次　2015年10月第1版
印　次　2016年4月第2次印刷
定　价　28.00元

1986年于台北歇脚盦

20世纪70年代与夫人在台北阳明山

隶书六言联

望断芳洲社若残荒荒银烛感
奎端炼花氲烟尊初满玉炉歌况渡
巴涧梦暮凌波鹭照影月中消息误
鸣鸾乡明恩基戍鼙纨调帐向闺寒风
阑玉肌雪藕绕世姿解胖乘笑最
娇庞偶抬红至佯羞意戏唤鸦哥
香醉时要负今宵天皇许伙禹佳
事梦难期续谢傅池边卿来岁
春风属何谁
消岁中喜吾次旧韵幸采生平慧药
目书居写师作春题两首寄
鸿戎江户
丙午岁暮 鹤老朽主耆□
[印][印]

行书作品

出版说明

台静农（1902—1990），字伯简，笔名青曲、孔嘉等，晚号龙坡叟，安徽霍邱人。青年时期就读于北京大学研究所国学门，与鲁迅等发起成立文学团体未名社，编辑出版《莽原》半月刊、《未名》半月刊和《未名丛刊》《未名新集》等丛书，出版小说集《地之子》和《建塔者》。鲁迅编辑《中国新文学大系·小说二集》，选录台静农作品达四篇之多，更在序言中称赞台静农"贡献了文艺，而且在争写着恋爱的悲欢，都会的明暗的那时候，能将乡间的死生，泥土的气息，移在纸上的，也没有更多，更勤于这作者的了"。台静农编辑的《关于鲁迅及其著作》，是中国最早的鲁迅研究专著之一。1927年后，任教于辅仁大学、厦门大学、山东大学及齐鲁大学等。抗日战争爆发，迁四川，任职国立编译馆和白沙女子师范学院。1946年赴台，任台湾大学中文系教授二十余年，弟子甚众。

台静农著作版本虽多，但皆为单行，略无统系，又因为大陆、台湾暌隔多年，台先生一些著作不为大陆读者所知，其贡献没有得到应有的评价。2012年，北京鲁迅博物馆举办了"无穷天地无穷感——台静农书法精品展"暨纪念台静农诞辰110周年座谈会。会后我们即策划编辑台静农作品全集和书画集，得到台先生亲属以及台湾大学、北京鲁迅博物馆、香港香江博物馆等机构的大力协助。

《台静农全集》共11种（13册）。除书画作品外，收录目前所能见到的台先生的所有作品：《地之子》《建塔者》《龙坡杂文》《白沙草 龙坡草》《静农论文集（上、下）》《中国文学史（上、下）》《关于鲁迅及其著作》《淮南民歌集》《台静农遗稿辑存》《台静农往来书信》《台静农年谱简编》。

《地之子》《建塔者》《龙坡杂文》《关于鲁迅及其著作》《淮南民歌集》《静农论文集》为台先生亲自编定。《中国文学史》是台湾大学中文系的讲义，为台先生后半生心血所聚，经其弟子编辑整理而成。两本诗集加上未编集的诗列为一卷。未收入自编集的文章编为《台静农遗稿辑存》。台先生书信所存不多，且从未编集，此次在台先生亲属努力下，得到台先生给家乡亲属的信札多通；我们将一些他人寄台先生书信编入，称之为"往来书信"，虽然有些书信并没有构成来往，但借此可以了解台先生的交游和志趣。最后，编者参考了多种资料，编成《台静农年谱简编》。

全集的主要编撰人员为黄乔生、姬学友、刘思源、许礼平、徐鼎铭等。台湾大学中文系何寄澎、柯庆明、许铭全诸位先生整理《中国文学史》厥功甚伟，值得铭记。海燕出版社重视学术文化积累，精心组织，细致核校，使全集得以顺利出版。

台静农著作出版时间跨度大（有些作品为20世纪早期白话文），加之台湾和大陆出版规范的差异，我们在编辑过程中遇到大量文字用法不统一的问题，如"做"和"作"，"好象"和"好像"，"的"和"地"，"那"和"哪"，"崛强"和"倔强"，"迷漫"和"弥漫"，"消毁"和"销毁"，等等。为了尊重文本的历史性，在不损害文意的前提下，本集尽量保存较早版本的原貌。

因水平有限，本集一定存在不少问题，敬请读者批评指正。

编者
2015年9月15日

一九〇二年（清光绪二十八年） 一岁

十一月廿三日（农历十月廿四日）生于安徽省霍邱县叶家集镇。

一九一〇年（清宣统二年） 九岁

入私塾受启蒙教育，前后约四年（一九一〇年——一九一三年）。

一九一四年（民国三年） 十三岁

春，入本镇上明强小学甲班肄业。

一九一五年（民国四年） 十四岁

承庭训，习书法，初学《华山碑》及颜鲁公《麻姑仙坛记》。

一九一八年（民国七年） 十七岁

夏，明强小学四年毕业。乘舟入淮河转长江西上至湖北汉口。

秋，考入汉口大华中学就读。父肇基时供职于汉口。

一九一九年（民国八年） 十八岁

就读汉口大华中学。

一九二〇年（民国九年） 十九岁

仍就读汉口大华中学。

一九二一年（民国十年） 二十岁

仍就读大华中学。

一九二二年（民国十一年） 廿一岁

春，汉口中学发生风潮，未毕业离校，由汉口东下南京，复上北京。在南京认识王鲁彦。

作新诗《宝刀》，六十五行，四百余字，载于一月二十二日上海《民国日报副刊·觉悟》。

九月初，与王鲁彦加入"明天社"。此为五四以后第三个文学团体，由党佳斌、林如稷、章衣萍、程仰之等发起成立，社员十八人，活动时间约三年。

九月，考取北京大学（简称北大）研究所国学门旁听生资格，与董作宾等同为旁听生。

一九二三年（民国十二年） 廿二岁

仍为北大国学研究所旁听生。

一九二四年（民国十三年） 廿三岁

六弟病逝，年仅五岁。作《奠六弟文》，载于一九二六年二月二十五日出版的《莽原》半月刊第四期。

新文学同道胡思永逝世一周年，作诗追念。载于四月一日北京《晨报·文学旬刊》。收入《台静农诗集》时题为《寄墓中的思永》。

四月，论文《宋初词人》初稿完成。载于一九二七年六月上海《小说月报》第十七卷《号外》(上)。

同弟弟暑假回家，途中遇两伤兵（当时正值军阀混战），交谈中得知二人悲惨的遭遇，以此为素材写作《途中》，揭示人类相互残杀，已淹没应有的爱心。

八月底，践父辈"指腹为婚"之约，与同乡于韵闲女士结婚，两人年皆二十三岁。

一九二五年（民国十四年） 廿四岁

是年，在北京初识郑骞（因百）先生。

一月十九日，论文《山歌原始之传说》，载于北京《语丝》周刊第十期。

一月底二月初，春节过后，由故乡回到北京。

四月五日，将所辑歌谣编为《淮南民歌第一辑》，在北大《歌谣》周刊第八十五期上开始登载，其后续登于第八十七、第八十八、第九十一、第九十二期，共收一百一十三首。

二十七日夜，应张目寒之邀首访鲁迅，由张目寒介绍与鲁迅认识。时鲁迅寓居北京阜成门西三条胡同二十一号。

作短篇小说《死者》，载于五月八日《京报·莽原周刊》第三期。收入《台静农文集》。

五月十四日夜，再访鲁迅。

十七日午后，与王鲁彦、韦素园、李霁野同访鲁迅。

寄书信文稿与鲁迅，鲁迅二十日收到，是日晚与王鲁彦同访鲁迅。

致函鲁迅，鲁迅二十一日晚收到。

作《压迫同性之卑劣手段》，刊于五月二十四日北京《京报副刊》第一百五十八期。

六月，致鲁迅函与文稿。鲁迅二十三日上午收到。

作《铁栅之外》，载于六月二十三日北京《京报·莽原周刊》第十期，收入《台静农文集》。

七月初，致函鲁迅，鲁迅五日收到。

六日下午，与韦素园、赵赤坪、李霁野同访鲁迅。

十日下午，与张目寒同访鲁迅。

十三日夜，与李霁野同访鲁迅，托其写信介绍韦素园任职《民报》。

寄信及文稿与鲁迅，鲁迅十四日收到。

十九日晚，访鲁迅。

八月，致鲁迅明信片，鲁迅十五日收到。

前后两次致函鲁迅，二十四日，鲁迅来信。

作短篇小说《懊悔》，载于二十四日北京《语丝》周刊第四十一期。

三十日，与鲁迅、韦素园、曹靖华、李霁野、韦丛芜等组成文学团体"未名社"。

三十日夜，与李霁野、韦素园、韦丛芜、赵赤坪等同访鲁迅。

九月一日下午，与李霁野、赵赤坪、韦素园、韦丛芜等同访鲁迅。

九日下午，与韦素园、韦丛芜、赵赤坪、李霁野等同访鲁迅。

十四日下午，与韦素园、韦丛芜、李霁野等同访鲁迅。

十月一日夜，与韦素园、李霁野、韦丛芜、赵赤坪等同访鲁迅。

致函鲁迅，鲁迅七日收到。

致函、稿与鲁迅，鲁迅十三日下午收到。

作《记》，刊于十月十六日北京《京报·莽原周刊》第二十六期。

十八日，与韦素园、李霁野夜访鲁迅。

二十六日晚,与韦素园、李霁野同访鲁迅。

作《去年今日之回忆》,刊于十一月三日北京《民众》第四十四期。

是年作小说《我的邻居》,未发表。后收入小说集《地之子》。

一九二六年(民国十五年) 廿五岁

一月二日夜,与李霁野访鲁迅。

致函鲁迅并寄稿件,鲁迅十二日收到。

十三日夜,访鲁迅,鲁迅交与《莽原》稿和印费。

二十一日夜,与李霁野访鲁迅。

寄稿与鲁迅,鲁迅二十七日收到。

三十一日夜,与韦丛芜、善甫、李霁野同访鲁迅。

二月七日夜,与李霁野访鲁迅。有函并稿件致鲁迅,鲁迅九日收到。

十日,下午鲁迅来信。晚与李霁野、韦丛芜访鲁迅。

二十日夜,与李霁野、韦丛芜访鲁迅。

三月六日夜,与李霁野访鲁迅。

十日午,鲁迅来访。

作《梦的记言》,载于一九二六年三月十日北京《莽原》

半月刊第五期。

十五日夜，与李霁野访鲁迅，并归还十块银元。

二十一日下午，与曹靖华、韦丛芜、韦素园、李霁野同访鲁迅。

二十三日夜，与韦素园、李霁野访鲁迅。

四月十日、十五日，散文《人兽观》，载于鲁迅主编的北京《国民新报副刊乙种》第四十九及第五十一期。

致函鲁迅，鲁迅三十日下午收到。

五月一日午后，鲁迅寄信来。

五日，上午访鲁迅，并交《莽原》十本。

编《关于鲁迅及其著作》，六月二十日作《序言》。此书一九二六年七月由上海开明书店印行，列为《未名社丛书》之一，选收自一九二三年至一九二六年间发表于全国各主要报刊有关评论鲁迅的文字，共十四篇，另附图片四幅。

七月，作短篇小说《天二哥》，载于九月二十五日北京《莽原》半月刊第十八期。

十五日上午，访鲁迅，并赠茶叶两盒。

十九日，作短篇小说《吴老爹》，次年七月二十五日载于北京《莽原》半月刊第二卷第十四期。

致函鲁迅并寄文稿,鲁迅二十六日收到。

十月,作《病中漫语》,刊于十月十日北京《莽原》半月刊第二十期。

致函鲁迅,鲁迅二十三日下午收到。

十一月一日,作《因为我爱你》新诗一首,载于翌年一月二十五日北京《莽原》半月刊第二卷第二期。收入《台静农诗集》。

四日,写成《红灯》初稿,八日改定,载于翌年一月十日北京《莽原》半月刊第二卷第一期。

十七日,致函鲁迅,鲁迅二十九日午后收到。

二十日,致函鲁迅,鲁迅二十八日收到。

十二月七日,作短篇小说《弃婴》,载于翌年三月二十五日北京《莽原》半月刊第二卷第六期。

十日,作小说《新坟》,载于翌年二月十日北京《莽原》半月刊第二卷第三期。

十九日,写短篇小说《烛焰》,载于翌年二月二十五日北京《莽原》半月刊第二卷第四期。

二十九日,赋新诗一首,以首句"请你"二字为题,载于翌年一月二十五日《莽原》半月刊第二卷第二期。收入《台静农诗集》。

一九二七（民国十六年） 廿六岁

一月廿日，辑录之《淮南情歌三辑》，在上海出版的《北京大学研究所国学门月刊》第一卷第四期上开始登载，其后于同年二月廿日、九月廿日、十一月廿日续登于第五期、第六期以及第七、第八期合刊。

二月，致函鲁迅，寄书籍发票。鲁迅二十二日夜收到。

三月十八日，作短篇小说《苦杯》，载于四月十日北京《莽原》半月刊第二卷第七期。

二十三日，致函鲁迅，鲁迅四月九日复函。

四月十日午，鲁迅来信并寄来照片一张。

十八日，发函鲁迅，鲁迅二十九日午后收到。

十九日，致鲁迅明信片，鲁迅五月六日午后收到。

廿六日，致鲁迅函，鲁迅五月十一日收到。

五月三日上午，鲁迅寄台静农函并《〈朝华夕拾〉小引》一篇，又《饶超华诗》一卷。

八日，致鲁迅明信片，鲁迅二十三日下午收到。

十四日上午，鲁迅来信并寄来照片三张。

十七日，致函鲁迅，鲁迅六月一日收到。

十七日，作短篇小说《儿子》，载于二十五日北京《莽原》半月刊第二卷第九期。

廿七日,发函致鲁迅,鲁迅六月七日收到。

六月三日上午,鲁迅来信并译稿两篇。

六日,作小说《拜堂》,载于十日北京《莽原》半月刊第二卷第十期。

七日,发函与鲁迅,鲁迅二十三日上午收到。

七月二日上午,鲁迅来信并寄来北新书局卖书款百元。

四日,致函鲁迅,鲁迅二十四日午后收到。

十五日上午,鲁迅来信并寄台静农《〈朝华夕拾〉后记》一篇,《小约翰》译稿一本。二十五日下午,鲁迅回复。

八月,由北大研究所国学门导师刘半农推荐,任北京私立中法大学服尔德学院(即文学院)中国文学系讲师,讲授历代文选。

一日,致鲁迅函,鲁迅十八日下午收到。

十七日午后,鲁迅来信。

作短篇小说《为彼祈求》,载于二十五日北京《莽原》半月刊第二卷第十六期。

九月八日,致函鲁迅,鲁迅二十日上午收到。

二十二日,鲁迅复函。

二十三日下午,鲁迅来信,并寄来《夜记》一篇,照片四张。

九月，瑞典考古学家斯文赫定与刘半农商议，拟提名鲁迅为诺贝尔文学奖候选人。受刘半农之托，十七日致书鲁迅，征询其意见。鲁迅二十五日复函表示自己"不配，要拿这钱，还欠努力"。

十月，致函鲁迅，四日，交由鲁迅三弟转达。

五日，鲁迅上午来信。

十四日，鲁迅来信。

作小说《蚯蚓们》，载于十月二十五日北京《莽原》半月刊第二卷第二十期。

作小说《负伤者》，载于十二月二十五日北京《莽原》半月刊第二卷第二十三、二十四期合刊。

一九二八年（民国十七年） 廿七岁

本年仍任教中法大学。

一月，作《建塔者》，载于一月十日北平《未名》半月刊第一卷第一期。

二月三日，致函鲁迅，鲁迅十日下午收到。

作短篇小说《昨夜》，载于二月十日北平《未名》半月刊第一卷第三期。

二月十五日，致函鲁迅，并寄小说《蟋蟀》，二十三日下午鲁迅寄还小说稿，二十四日，鲁迅来函。

作小说《春夜的幽灵》，二月二十五日载于北平《未名》半月刊第一卷第四期。

二月二十五日午后，鲁迅寄台静农信。

四月七日，未名社因出版托洛斯基所著《文学与革命》中译本，遭北京当局查封，与另外两位社员被捕，遭羁押五十天。

四、五月间，在狱中见海棠花落，以《狱中见落花》为题，作新诗寄怀女友。载于翌年三月十日北平《未名》半月刊第二卷第五期。收入《台静农诗集》。

又作新诗《狱中草——时代的北风》，翌年载于《未名》半月刊第二卷第六期。收入《台静农诗集》。

六月，致函鲁迅，鲁迅五日下午收到。

六月六日，与常维钧、庄尚严（慕陵）参与"文物维护会"工作。

八月三日作小说《遗简》，以笔名发表于"某报副刊"。

七日，作小说《铁窗外》，以笔名发表于"某报副刊"。

十二日，改写五年前所作小说《负伤的鸟》为《白蔷薇》，未单独发表，十一月收入小说集《地之子》出版。

作小说《历史的病轮》，以笔名发表于"某报副刊"。

八月十五日，作《被饥饿燃烧的人们》，以笔名发表于"某报副刊"。

十一月，第一本短篇小说集《地之子》由北京未名社出版部印行，列为《未名新集》之三，收小说十四篇。

冬，作小说《井》，未发表。后收入小说集《建塔者》。

一九二九年（民国十八年） 廿八岁

五月十七日下午，与李霁野在未名社，遇鲁迅来访。

二十四日，晚与张目寒同访鲁迅。

二十八日，晚与孙祥偈同访鲁迅，未遇。

二十九日下午，鲁迅往未名社，晚受邀宴，同席有台静农与张目寒等人。

三十日晨，与张目寒等邀鲁迅至西山病院访韦素园。晚，与魏建功（天行）同访鲁迅，鲁迅招待晚餐。

六月三日午后，与张目寒、魏建功等送鲁迅赴津浦站登车。

七月，受聘为辅仁大学（简称辅大）讲师。

一九三〇年（民国十九年） 廿九岁

暮春，参加溥心畬（原名爱新觉罗·溥儒，初字仲衡，改字心畬，自号羲皇上人、西山逸士，斋名"寒玉堂"，著名书画家，与张大千齐名）在北平中山公园举行的首次书画展。

是年或稍后作《题墨笔牡丹》《题画》两诗。

作《死室的彗星》，以笔名发表于"某报副刊"。后收入《建塔者》。

八月八日午后，鲁迅寄来书籍、杂志等。

八月，第二本短篇小说集《建塔者》，由北京未名社出版部印行，列为《未名新集》之六，收小说十篇。

九月十八日，"中国左翼作家联盟北方分盟"在北平大学法学院礼堂成立，列名为发起人之一。

一九三一年（民国二十年） 卅岁

一月，蒋梦麟任北京大学校长，胡適（適之）任该校文学院院长兼中文系主任。是年，参加庄尚严发起组织之"圆台印社"。

七月，由讲师改任辅仁大学副教授兼校长秘书。

一九三二年（民国二十一年） 卅一岁

年初识启功。

四月廿三日，得鲁迅函。

五月八日，及其后两度致函鲁迅，六月五日、六日鲁迅分别复函。

六月，致鲁迅函，十七日下午鲁迅得信。

又寄赠鲁迅《王忠悫公遗集》一函十六本，鲁迅十八日收到。是日下午，鲁迅寄来《铁流》《毁灭》书各二本。十九日上午，鲁迅回函。

七月上旬，致鲁迅函，鲁迅十日下午收到。

又寄古燕半瓦二十种、拓片四枚、翻版《铁流》一册，鲁迅十一日收到。

八月一日，同乡友人文学翻译者韦素园病逝，年卅一岁。二日与李霁野、韦丛芜联名函告鲁迅。

韦素园卒后，与李霁野等为其治丧事。民国廿三年四月安葬韦于北平西郊万安公墓，鲁迅撰墓表。

八月，致鲁迅函，鲁迅十日收到。

致函鲁迅，鲁迅十五日午后收到，翌日复信并赠修订本《中国小说史略》一册。

九月二十一日下午，鲁迅寄来《三闲集》。二十八日，鲁函告错寄《淑姿的信》。

十一月十五日下午，鲁迅往访台静农，不得其居处。

十六日下午，与霁野同访鲁迅，并赠《在京及大连所见中国小说书目提要》一本。

十九日晚，与鲁迅、沈兼士、魏建功等聚会于马幼渔宅。

二十日下午，访鲁迅。

二十二日下午，陪鲁迅往北京大学第二院演讲，后又陪其往辅仁大学演讲，晚，应沈兼士邀赴东兴楼聚餐。

二十六日下午，访鲁迅，并携沈兼士所赠书《考古学论丛》一本及《辅仁学志》五本。是日晚，鲁迅出席在北海后门台宅举行的北平左翼社团欢迎会，与会者有陈沂、于伶、潘训、宋之的、陆万美。

二十七日下午，访鲁迅。

二十八日下午，送鲁迅至东车站返上海。

十二月上旬，得鲁迅自上海来信及书籍。

九日下午，鲁迅为台静农写一横幅字。

十二日，第二次被捕。

是日下午，鲁迅得台静农信。

十三日,鲁迅来信。

十四日,鲁迅午后寄信。

下旬,无罪获释后,被迫辞去辅仁大学教职,回故乡小住。

一九三三年(民国二十二年) 卅二岁

是年春,由启功陪同到恭王府访晤溥心畬。

初春,长子病卒,年九岁。

一月五日午后,鲁迅寄台静农信。

二十六日,鲁迅夜为邬其山书一笺,已而毁之,别录以寄台静农。是日,致函鲁迅,鲁迅三十一日下午收到。

二月六日,致鲁迅函及照片,鲁迅十二日函复。

十三日午后,鲁迅寄台静农信并《竖琴》六本。

廿四日,致鲁迅函并寄讲稿及白话诗五本,三月一日鲁迅复函。

三月七日,致鲁迅函并寄《晨报》一张,鲁迅十一日函复。

十三日下午,鲁迅寄信并照片一张。

二十五日下午,鲁迅寄信并《萧伯纳在上海》六本。

三月三十日上午,鲁迅寄来《一天的工作》六本。

五月九日午后,鲁迅寄书来。

六日,致函鲁迅,鲁迅十二日收到。

六月,致函鲁迅,鲁迅二十八日收到,即复。

八月,转任国立北平大学女子文理学院文史系国文组讲师一年,讲授中国小说史。当时女子文理学院院长兼文史系国文组主任系由范文澜(仲沄)担任,国文组同事有沈兼士、曹靖华、白涤洲、沈启无、孙席珍、侯址、陈君哲等。

寄鲁迅函,内为未名社致开明书店函及收据,鲁迅二十九日收到,即复。

十二月,致函鲁迅,鲁迅二十七日下午收到,翌日回复。

一九三四年(民国二十三年) 卅三岁

一月十二日,鲁迅自上海来函。

致函鲁迅,鲁迅二十五日下午收到,翌日回复。

二月十一日,致函鲁迅。

十四日为农历甲戌元旦,晨,曹靖华返北平,鲁迅以火腿一只、玩具一种托其转赠台静农。是日下午,鲁迅收到台静农十一日函,十五日下午复信。

三月，致函鲁迅，二十三日午后，鲁迅得信。

又函鲁迅，二十五日鲁迅收到，廿七日晚复函。

四月七日，致函鲁迅，鲁迅十二日复函。

致函鲁迅，鲁迅十二日午后得信，翌日回复。

五月六日，致函鲁迅，鲁迅十日得信，即复。

六月，致函鲁迅，谈有关拓印画像事，鲁迅九日得信，即复。

十三日，致函鲁迅，又寄北平石印本《南腔北调集》，鲁迅十七日午后、十八日晚分别收到书和信，复函托请代购济南图书馆藏石拓片。

二十九日上午，鲁迅寄台静农信。

致函鲁迅，并寄汉画像等拓片十种。鲁迅七月一日午后收到拓片，二日上午收到书信。

七月三日上午，鲁迅复信并寄还画像拓本三种。

五日上午，鲁迅寄台静农信并银元百元。

十四日，又致函鲁迅信并寄画像及造像拓本一包。鲁迅十五日午后收到，十六日下午复信并寄还大部分拓本。

十七日，鲁迅寄台静农《忆韦素园》一文。

廿六日，又以共产党嫌疑被捕，随后解送南京司令部囚禁。李霁野、范文澜亦同时被捕。

本年，次女纯行出生。

一九三五年（民国二十四年） 卅四岁

经蔡元培、许寿裳、沈兼士等营救，本年一月获释。

一月，出狱后，赋无题诗。

出狱后，因病住院，病中赋寄友诗一首、书感诗二首。

二月三日，陈援庵（垣）赠扇骨一持。

四月，函鲁迅，并寄拓片两包，鲁迅收到拓片但未收到函件。

五月二日，再函鲁迅，鲁迅六日下午收到，十四日复。

出狱后，谋教职未成。

七月二日上午，鲁迅得曹靖华信，附靖华与台静农笺。

三日，鲁迅以《小说二集》两本托曹靖华转交台静农。

十六日，致函鲁迅，并寄拓片一张，鲁迅二十二日收到，复函。

八月，由胡适推荐，往任福建私立厦门大学（简称厦大）中国文学系教授，聘期一年，讲授中国文学史等课程。

是月应聘厦大教职后，七日函告鲁迅应聘事，鲁迅十一日复函称："既已答应，姑且去试试。"

三十日下午，访鲁迅，赠四盒果脯，鲁迅赠以书籍四种。

三十一日，寄赠鲁迅《汉代圹砖集录》一本。

九月二日，夜访鲁迅。

十一日，致函鲁迅并寄校本《嵇中散集》。鲁迅十七日收到，二十日复。

十月，致函鲁迅，鲁迅六日午后收到。

十一月十一日，致函鲁迅并寄《南阳汉画像访拓记》一本。鲁迅十五日收到，复函。

二十三日，致函鲁迅，鲁迅二十九日收到，十二月三日复。

十二月六日下午，鲁迅寄来《图书总目录》一本。

十六日，致函鲁迅。鲁迅十二月二十一日收到，二十二日复。

一九三六年（民国二十五年） 卅五岁

一月，自厦门至上海，七日访鲁迅并馈赠蜜饯等物。

二月二十五日上午，访鲁迅并赠桂花酸梅卤。不久，回厦大任教上课。

三月，致函鲁迅，鲁迅十六日午后收到。

四月，厦大因经费严重不足，紧缩编制，将中文系与外文系合并为文学系，由周辨明担任系主任。七月辞职北上。

五月二日致函鲁迅，鲁迅七日收到即复。

作《〈择偶的艺术〉序》（陈梦韶著，一九三六年十月由上海北新书局出版）。

六月十一日，在厦门南普陀山居，著《从杵歌说到歌谣的起源》，载于九月十九日北大《歌谣》周刊第二卷第十六期。

六月廿七日，厦门大学文学院院长李相勖具函，发民国二十五年度聘书（一九三六年八月——一九三七年七月），续任国文学系教授一年。

在厦大气候不宜，常为湿气病所苦，七月辞去厦大教职，北上青岛，八月专任山东大学（简称山大）中文系讲师，讲授诗经、中国文学史、历代文选等课程。

到青岛后致函陈垣，陈垣九月二十一日复函，语多劝勉，谓"人情复杂，似不必介意""待遇之多寡，更不足计较""仍望努力，勿作五日京兆之想"。

六日后，二十七日复陈垣函。

九月三十日，致函鲁迅。鲁迅十月四日午后收到，十五日复。

秋末冬初，首晤老舍。时老舍携家眷，住青岛山东大学附近，专事写作，受赠小说《老牛破车》。

十二月二十一日，致函胡适，报告厦大及山大有关人事。

本年或其前后，编写《中国文学史方法论》讲义，共七讲。

一九三七年（民国二十六年） 卅六岁

任教青岛山东大学。

作小说《登场人物》，载于三月廿五日上海胡风主编《工作与学习丛刊》第二辑《原野》，署名"孔嘉"。

七月一日，离青岛，应朋友约到北平度暑假。搭胶济铁路火车至济南，游大明湖、千佛山。

二十日，好友李霁野在北平中山公园"来今雨轩"结婚，为其证婚。是日，在"来今雨轩"晤张大千(斋名"大风堂"，著名画家，与齐白石、溥心畬齐名)，获邀至其寓所，观其所藏。

三十日，日军占领北平。时寓北大教授魏建功家。是日中午与启功同醉于魏家。启功画《荒城寒鸦图》赠别。

在北平魏建功寓所"独后来堂"过录鲁迅诗二长卷，

各三十九首。其一卷八月七日抄成。九年后在四川白沙赠同事方重禹。

之后（约八月八日、九日），乘火车离开北平，拟先到南京见胡适，转达有关北大将来问题。再到芜湖携家眷。车到天津，南下火车已中断，转搭小火轮到烟台。从烟台搭长途汽车经蓬莱县，不能进城，车上望去，碧海之滨，林木茂密，城郭人家，隐约其中，直如一幅奇丽山水画。到潍县，夜宿城外饭店，城中有杨氏海源阁藏书楼，藏善本书数万卷，欲参观而不可得。

八月中，到济南，在火车站上遇到山东大学同事。彼称变卖家产，将逃往江南。

下旬，自济南乘火车抵达蚌埠，住进旅馆，遇日本飞机轰炸。次晨与同伴分手，独往南京见胡适。

八、九月间，到南京住张目寒家。翌日晨见胡适，转告北平沦陷后有关北大事。后胡适化名"藏晖"函北大秘书长郑天挺，言及"台君见访"。

当日见胡适后，到中央研究院访前北大同学董彦堂（作宾），又往城南见郦衡叔，午后又往访少年同学潘伯鹰，转致北平方介堪所刻印章。回张目寒住处，傍晚，遇日本飞机轰炸。

十月，流寓芜湖与家人相聚。因有病人，走动不得，心中抑塞。一日，偶在书店买得知堂老人所著《瓜豆集》，甚是高兴。

一九三八年（民国二十七年） 卅七岁

年初，回乡霍邱叶家集，与夫人、父母分别获难民证。

二月七日，受霍邱县长万崑山委任为壮丁自卫队总队部政训股副主任，又聘为人民自卫队政治部副主任。

七月初，至汉口，获母樊氏、子益坚二人难民证。

七月，携家人过湖北宜昌，因病困，不能西行。时张大千居士兄善子亦至宜昌，告知大千已逃离北平，抵达上海。

是年秋（七八月）入川，居江津县白沙镇柳马冈当地富绅庄园。

抵白沙后不久，受聘为编译馆编译委员会委员，时陈可忠任馆长。

回忆六年前朝鲜勇士尹奉吉炸死日本驻沪派遣军司令白川义则，赋诗（《沪事》）追记其事。

七七事变后不久，北平驻军不战而退，深感山河蒙羞，翌年在白沙赋《谁使》一诗。

十月前后，作诗寄贵阳庄尚严，题《寄秋梦盦贵阳》。

老舍在重庆主持文艺协会,将于十月十九日举行鲁迅逝世二周年纪念会。函邀台静农出席,并做报告。是月十八日到重庆,十九日纪念会上演讲《鲁迅先生的一生》,载于十日后出版之《抗战文艺》月刊第二卷第八期。

演讲后搭船自重庆至江津,在同乡邓仲纯医师家,初见陈独秀。

作《记张大千》,载于十一月二十五日重庆《时事新报·青光》。

十二月十二日,作小说《电报》,载于翌年二月二十一日《文摘战时旬刊》第四十四、四十五合期。

作小说《大时代的小故事》,载于十二月十八日重庆《文摘战时旬刊》第三十九期。

一九三九年(民国二十八年) 卅八岁

作《谈"倭寇底直系子孙"》,载于一月二十一日重庆《抗战文艺》周刊第三卷第五、六合刊。

作《国际的战友》,载于一月二十八日重庆《抗战文艺》半月刊第三卷第七期。

作小说《被侵蚀者》,载于二月五日重庆《全民抗战》第五十二期。

辅仁大学任教职聘书遗失，四月三日北平辅大校长陈垣发给证明书。

四月九日，"文协"在重庆举行年会，并改选二届理事，当选为候补理事。作小说《么武》，载于四月十五日重庆《抗战文艺》半月刊第四卷第二期。

五月三日至四日，日机轰炸重庆，死三千九百九十一人，伤二千三百二十三人。十二日，陈独秀（仲甫）来函商量前往聚奎过夏。时陈独秀寓所为江津黄荆街八十三号。

十五日，复陈独秀函。陈独秀十七日来函请台静农往看另一处租屋。

十八日，陈独秀再来函，谈及租屋事。

七月，担任国立编译馆专任编译。

八月，作《鲁迅先生整理中国古文学之成绩》，以"孔嘉"笔名，载于重庆《理论与现实》季刊第一卷第三期。全文分四节，以鲁迅《中国小说史略》为主，《古小说钩沉》《唐宋传奇集》《小说旧闻钞》三书为副。

作《"士大夫好为人奴"》，载于八月二十五日上海《现实》半月刊第三期。

九月，受聘为白沙国立编译馆特约编译，聘期自一九三九年九月起至一九四〇年六月止。

作《鲁迅眼中的汪精卫》，载于十月一日重庆《中苏文化》月刊第四卷第三期，署名"闻超"。

十二月三十日，家人得病，陈独秀来函问疾，并寄诗一首。

是年遭丧子之痛，第四子小名德宝得病夭折，未及四岁。

一九四〇年（民国二十九年）　卅九岁

认识俞大纲夫妇，时相过从。

作《填平耻辱的创伤》，载于一月二十九日香港《星岛日报·星座副刊》第四百八十九号。

春，陪同老舍至鹤山坪访陈独秀。

作《历史之重演》，载于三月十一日重庆《新蜀报·蜀道副刊》第六十八期，署名"闻超"。

作《秀才》，载于三月十三日重庆《新蜀报·蜀道副刊》第七十期，署名"释丰"。

三月末，接到成都华西大学讲座教授许寿裳来函，谈及有关中国小说史事。四月十日复函。

四月一日，致函陈独秀，十四日陈独秀复函，称傅孟真转来一部《甲骨文存考释》，编译馆欠稿费二百元，请代为一言。

四月廿二日，陈独秀未得复信，又函请代为催取编译馆稿费。

十七日，回函陈独秀，称将往江津访晤。廿九日陈独秀收信，云迄未见驾临，等候来晤。

廿六日，致函陈独秀。

五月，获陈独秀自传手稿。

数发疟疾。五月十二日致书陈独秀。

作剧本《出版老爷》，载于五月二十四日重庆《新蜀报·蜀道副刊》第一百二十八期，署名"孔嘉"。

作《关于买卖妇女》，载于五月二十九日重庆《新蜀报·蜀道副刊》第一百三十二期，署名"孔嘉"。

六月四日，有函致陈独秀，十五日陈独秀复函称《识字教本》稿已完成。

十二日，致函陈独秀，十六日陈独秀复函称《识字教本》稿上卷五册派人送达。

七月二十六日，改聘为专任编译。有效期由一九四〇年七月起至一九四一年六月止。薪俸每月三百二十元。收到编译馆馆长陈可忠具名函并聘书。

九月六日，陈独秀来函，请代为修改《识字教本》

稿数条。致函陈独秀并《识字教本》稿三册,交专人带上。

作《记钱牧斋遗事》,载于十月重庆《七月》月刊第五卷第四期,署名"孔嘉"。

录明清杂史有关洪承畴记事七例:《研堂见闻杂记》《甲申朝事小记·洪承畴纪略》各二则。《鹿樵纪闻·卷上·使臣碧血》《鲒埼亭外编卷四崇明沈公神道碑铭》《明诗记事》引阙氏《成仁录》各一条。

十月二日至三日,致函陈独秀,并寄自作《晚明讲史》及陈独秀作《史表补文》。十四日,陈独秀复函建议《晚明讲史》不如改为《明末亡国史》,"望极力使成为历史而非小说"。附《史表补文》修改处一张。

作《跋后汉两碑文》,载于十月廿八日重庆《新蜀报·新蜀副刊》第二百六十七期,署名"孔嘉"。

十一月十八日,致函陈独秀,二十日陈独秀便笺回复,请增加《识字教本》稿二条。

廿一日,致函陈独秀。

作《瞻乌仰止于谁之屋》,十一月廿二日刊于重庆《新蜀报·新蜀副刊》第二百八十九期,署名"释耒"。民国卅五年十月合此篇及稍前所作《跋后汉两碑文》,另作一节有关《党锢列传》事,构成《党锢史话》,载于上海《希望》月刊。

十二月十日前后，迁居黑石山，黑石山僻处乡间，离白沙约八九里。

十三日，致函陈独秀，告以编译馆拟自行石印书稿。

任职白沙国立编译馆，入不敷出，是"举家嚼菜根的日子"。往返两地，极为辛劳，自题其居曰"半山草堂"，并书一联云："芝草终荣汉，桃花解避秦。"陈独秀为题居室曰"一曲书屋"。

致函陈独秀，谈及石印《识字教本》及租屋事。

二十七日，致函陈独秀，陈独秀二十九日收到。

是年前后，陈独秀为台静农书一首七绝诗与一幅对联。

据《中州先哲传第二十三文苑传》，抄录王觉斯卒之前与弟鑨书，有题记。

一九四一年（民国三十年） 四十岁

读《史记·留侯世家》，作札记《黄石老人》。

撰《谈木简书》《简牍用之于政府文书》《帛书》《纸书》共四节。

作《谈汉代美术字》，未发表。

撰写《汉代奴隶制度史征》初稿，未发表。

抄录《两汉社会史料》，未发表。

临金农墨梅，并书其题诗。

直幅画墨梅，繁枝茂花。

临绘金农（冬心）多枝繁花墨梅，并书其题辞。

临绘罗聘老干疏枝墨梅，并书其题诗。

读元遗山"四十头颅半白生"句，有感赋诗。

作《读史》一诗。

临摹王铎书帖，沈尹默见之，以为"伤雅"。后见倪元璐书影本，又获张大千赠以倪书双钩本及真迹。觉其格调生新，为之心折。之后遂专书倪字，卓然成家。

画老松树与小秋菊。

是年前后著《西汉简书史征》一文，约二万三千余字。内容叙简牍、帛书、纸书之来源、使用状况，抉发幽微，据史实论证。其于简牍之名称、形制、用法、编次、行数、书体等论之尤详。以未与汉简实物比证对勘，故迟未发表。然文献资料尽在此中，可供研究汉简者参考，因时隔四十七年之后整理，收入《台静农论文集》。

居江津白沙镇黑石山，山上梅花方盛，是时有《移家黑石山山上梅花方盛》《山居》二诗及画作。

春,同魏建功到重庆访老舍,老舍高兴得"破产请客"。

一月八日,陈独秀函要修改《识字教本》稿"象器用类凿字条",并询问:"拙稿付印事,如何办理?建功兄亦已移居否?"

九日,陈独秀来函请设法关说李宗荃入大学先修班肄业。

十一日,有函致陈独秀,二十日陈独秀复函请转告陈可忠馆长付印《识字教本》。并请推荐谈锡山之妹任教聚奎。

三月二十日,《读〈日知录校记〉》,载于重庆《抗战文艺》月刊第七卷第二、三合期,署名"孔嘉"。

四月十日,致函陈独秀。十一日陈独秀自江津城延陵别墅移回鹤山坪。十六日陈独秀复函,询问沈尹默在重庆住址,函中论及书艺,谓沈字功力甚深,然字外无字。

十九日,致函陈独秀。陈独秀五月二十日复函请增改《识字教本》稿"乐"字条,寄尹默诗。又提及老舍约稿事。

四月廿二日,陈独秀来函改正《识字教本》稿"象器用古字"条,其中所引汉书、国语、后汉书有无错误,希代为检查。

六月,著成《南宋小报》,载于一九四三年九月卅日重庆《东方杂志》半月刊第卅九卷第十四期。

著《关于〈西游记〉江流僧本事》,载于六月十六日重庆《文史杂志》第一卷第六期。

六月,有函致陈独秀。陈独秀十五日复函称要删改《识字教本》稿三条:一、"刀"字条,二、"曰"字条,三、"去"字条。

七月十三日,陈独秀致函称:"拙稿如能真付印,望能就近在白沙石刻,万勿木刻,书名亦望勿改。"

十九日,致函陈独秀。陈独秀二十二日来函称:"切望即在白沙石印。铅印、木刻均河清难俟。"

廿四日,致函陈独秀。

八月十三日,致函陈独秀。陈独秀二十日复函仍询问:"音韵表已动手写否?"

九月初,卧病不出,作《题画》诗。

秋,雨中往返白沙、黑石山,行走泥途,有感作《泥途》诗。

自白沙返黑石山草堂,有诗题称《薄暮山行雾作》。

九月卅日,致函陈独秀,谓《音韵表》尚未写印。十月五日,陈独秀回函云"殊为着急"。

十一月三日,致函陈独秀,此前十月廿八日寄高本汉著《中国音韵学》内附函件。陈独秀十三日函称《音韵表》及《自序》代寄陈觉玄一份，并送胡小石、沈尹默、沈兼士各一份。

冬，作诗寄北平李霁野，题曰《寄霁野北平》。

《夜起》诗亦是年冬月作。

赋诗寄怀前辅大同事牟润孙。

本年，五子益公出生。

一九四二年（民国三十一年） 四十一岁

一月，编译馆因人事变动，恐不能继续任职。陈独秀拟荐其去武汉大学任教，征询意见。

二十五日，受聘为编译馆编审。时教育部部长陈立夫兼编译馆馆长，陈立夫具名发聘书。

三月，到重庆，十五日致函陈独秀，陈独秀十八日复函。

廿三日，陈独秀来函修改《识字教本》三处。

廿七日，致函陈独秀。陈独秀二十九日来函请修改《识字教本》二处。

四月，作《读知堂老人的〈瓜豆集〉》，载于四月五日重庆《文坛》半月刊第二期，署名"孔嘉"。

五月十九日，邓仲纯来函称，陈独秀"因食物中毒而起急性肠胃炎，十七日晚曾一次晕厥，颇形危险"。

五月，作《老人的胡闹》，载于六月十五日重庆《抗战文艺》月刊第七卷第六期，署名"孔嘉"。

秋，作《夜行》诗。

九月二十七日，编双钩临摹王铎《杜诗帖》、张旭狂草《肚痛帖》、颜真卿《裴将军诗帖》及倪元璐《题画诗册》四种为《双钩丛帖》。

以人事、工作环境变动，作《深秋》一诗。

十月卅一日，被白沙国立女子师范学院（简称女师院）聘为国文系教授，聘期自一九四二年八月一日起至一九四三年七月卅一日止。每月薪俸国币四百四十元，临时研究费四十元，授课时数每周以九小时至十二小时为准。

十一月初，国立编译馆迁重庆北碚，离职。应胡光炜（小石）之聘，就任白沙女师院国文系教授，六日到校，九日上课，授历代文选、各体文习作两课程。同时移居新桥白苍山上之学院宿舍。国立女子师范学院系一九四〇年九月由教育部在江津县白沙镇成立，由心理学家谢循初担任校长。初设国文、教育、英语、史地、理化、音乐、家政七学系及一体育专修科。一九四一年秋起，增设初级国文科，后改称国文专修科。国文系主任初为胡光炜，后为黄淬伯，均为语言学家。在女师院任教共四年，专任国文系教授，后曾兼任国文专修科主任，再兼国文系主任。院中交称莫逆的同事，先后有魏建功、吴征铸、王振华、金琼英、柴德赓、罗志甫、李霁野、方管（舒芜）等。

一九四三年（民国三十二年） 四十二岁

撰《梁启超学术简表》，以年谱形式记梁氏一生事迹及其撰著年月。

撰王国维事迹及学术编年。

在白沙女师院执教时，学书临帖"是以体味古代名家的精神入手"（启功语）。

四月间，游女师院附近小山谷，作《游李花谷》诗。

五、六月，作《夏日山居》诗。

六月廿三日致林辰函。

七月一日，获教育部部长陈立夫具名颁发的教授证书。

八月六日，致林辰函，附手抄鲁迅《谢承后汉书序》一纸，云："此序系景宋夫人于二十八年抄寄静农者。……未编入全集。"

本年，讲授《中国文学史》，撰写讲义。

一九四四年（民国三十三年） 四十三岁

某月十八日，致林辰函云："上月所托之事，至今犹无头绪。……尊著《鲁迅先生传》精审，至足钦佩。"

作五言长诗寄重庆沈兼士，题作《寄兼士师重庆》。

九月，作《我与老舍与酒》，载于重庆《抗战文艺》月刊第九卷第三、四期合刊。

秋冬，感慨时事，作诗抒愤，题曰《孤愤》。

任教白沙女师院期间，曾与胡小石、魏建功等举行书画联展。

一九四五年（民国三十四年） 四十四岁

春末某日，与舒芜等谈论李商隐《无题》诗，提议拟作。翌日成《无题》一首。

八月十五日，日本投降，抗战胜利。

九月六日，受聘为白沙国立女子师范学院国文系主任。

十月二十日，致陈垣函。

秋冬，友人林逸来书问以战后计，赋诗答"只将白眼看鲸鲵"。

战后，出处未定，甚感彷徨，作《去住》诗。

有意归北平，苦无故人援引，有"英雄大泽老"之叹。赋《苦药》诗。

十二月十五日，美国特使马歇尔来华抵沪，欲调停国共关系，国府要员纷往迎接。作《迎神曲》以讽谕。

作《蜀江岸行》诗。

冬，赋《感事》七律一首。

著《南宋人体牺牲祭》，载于《四川国立女子师范学院学术集刊》第一期。

一九四六年（民国三十五年） 四十五岁

一月，作《乙酉岁暮》诗。

读陈垣新著《通鉴胡注表微》三篇后，一月五日致陈垣函。

二月二十六日，元宵节与友人谈近事，有感，赋诗《丙戌元宵友人谈近事奋笔书之》。

四月下旬以前，被台湾省国语推行委员会主任委员魏建功向台湾大学（简称台大）校长陆志鸿推荐。

四月，仍在白沙女师院。廿六日魏建功抵上海后，来函称："二十四日出塞基隆港，小有风浪，廿六日清晨近黄浦下碇。"

五月一日，女师院移至重庆九龙坡交通大学旧址复课。与同事多人辞职抗议教育部处理失当，搬离学校宿舍，但仍住白苍山上。以典当衣物维生。五月二十二日致林辰函称："弟为抗议教部处理失当，已自动引退，现拟暂住白沙，再定行止。……至于目前生活，则变卖衣物，尚可支援些时，友人亦有接济也。"

接前女师院同事柴德赓诗二首，五月十一日夜作《次青峰见怀韵》一首。

五月二十二日，又为林辰某事，致林函说明，略谓："兄事弟曾托人进行……然竟无结果。当再为留意。""尊稿搜集之勤，解释之细，实为佩服，弟已细读。"

作《典衣》诗。

五月，周光午自重庆来访，有诗赠之。

夏，作《叶广度诗集》序。

七月二十三日，致函林辰谓："兄事仍无结果，今日教育派系之争，在在皆是。……弟已就台湾大学教授之聘。该校图书设备充实，亦较少人事之纷扰，或可做点研究工作。"

应聘将赴台湾大学任教，检出前抄鲁迅诗长卷赠同事方重禹，以作纪念。八月二日作《跋自书鲁迅诗卷赠方重禹》。此跋有感于抗战时之"流离道涂"和胜利后之"内战四起",深为民众困苦和友人间的生离死别而忧伤。

八月四日上午,自江津白沙至重庆,约是月中旬乘舟至上海。

廿三日,受聘为台湾大学文学院教授,薪俸台币五百二十元。聘期自一九四六年九月一日起至一九四七年七月止。

在白沙作《党锢史话》,载于十月十八日上海《希望》月刊第二卷第四期,署名"释未"。文分三节,无标题。第一节新作,二、三两节系录旧文。第二节原题《瞻乌仰(爰)止于谁之屋》,载于一九四〇年十一月重庆《新蜀报·新蜀副刊》。第三节以《跋后汉两碑文》为题,载于同年十月同一副刊。

十月十八日,携家人自沪乘船抵台北。先到魏建功家,午后移往夏德仪处暂住。继住国语推行委员会宿舍,三迁暂居水道町住宅。

十一月中旬,正式上课,讲授两班大一国文。

十二月十八日,配住昭和町五一一官舍,即后之台北市大安区龙坡里九邻,温州街十八巷六号台大宿舍,日式木屋。名其书斋曰"歇脚盦"。

乡人王冶秋任孙连仲军部少将参议，从事策反，事败遭通缉。闻知其事，作《寄秋弟》。

一九四七年（民国卅六年） 四十六岁

是年，绘墨梅横披长卷，枝萼繁茂。庄尚严称其"笔法精绝""平生仅见"。

为台大哲学系范寿康教授刻姓名印章。

二月四日，魏建功经手从上海来薰阁购得《四部丛刊初编》二千一百一十二册，二编五百一十册，三编五百册，共三千一百二十二册。二月六日上午，与夏德仪、裴溥言同往台大图书馆开箱点收，册数不讹。

二十四日，台大开学，与夏德仪同往文学院，取得上海来薰阁寄来书籍三包。

二十八日，台湾各地发生动乱，后称为"二二八事变"。傍晚，独自步行至台湾省立师范学院附近，几陷危境。幸得报告称前有事故发生，遂转身而回，安然无事。

三月，出示所藏《鲁迅演讲稿手迹——娜拉走后怎样》与编译馆馆长许寿裳。二十六日许寿裳为之题跋。

四月下旬，台大文学院院长钱歌川到校就职，魏建功辞去中文系主任。招生委员会开会，台静农被聘为招生委员。

五月，著成《两汉乐舞考》，近五万言。载于一九五〇年六月台大《文史哲学报》第一期。

五月中旬，许寿裳被聘为台大中文系系主任。

六月二十一日，校长陆志鸿函聘台静农为中文系教授，薪俸五百四十元，聘期自一九四七年八月至一九五〇年七月。

八月某日，乔大壮（波外）自南京中央大学应聘来台大中文系任教。

作《屈原〈天问〉篇体制别解》，载于九月《台湾文化》第二卷第六期。

十月，作《谈酒》，刊于十一月一日《台湾文化》第二卷第六期。

十二月，作《〈古小说钩沉〉解题》，二十八日完成，作小序。载于翌年一月一日台北《台湾文化》月刊第三卷第一期。

一九四八年（民国卅七年） 四十七岁

春，行书写条幅陈大樽律诗一首，寄广西南宁桂林师范学院方重禹。

年初，阴历年过后，乔大壮、魏建功到台静农家会面。

乔大壮酒醉表现不甚正常。翌日台静农与建功往访，见乔大壮饮酒颓唐情形严重。

二月十八日深夜，台大中文系许寿裳教授，在台北市青田街六号寓所为窃贼所害。乔大壮继为主任。乔大壮来台后，颓唐忧郁，时常纵酒，有待死心情。台静农与魏建功时加照拂。乔大壮继接系主任后，心情较为平静，移居温州街与台静农比邻。台静农每日前往探望，然仍忧愤旧事，郁结难解，又复纵酒无度。

四月，作《追思》，载于五月五日台北《台湾文化》第三卷第四期。又载于同年同月上海《中国作家》月刊第一卷第三期。又载于同年十月上海《青年界》月刊，改题《记许寿裳先生》。

六月，乔大壮在上海来函，称"喘疾不愈，有四方靡骋之叹"。后函称"徒缘衰废，未克有终"。七月二日，乔大壮乘家人不备，搭车到苏州，在旅馆写遗书，并作绝命诗一首寄其弟子。子夜投梅村河自尽。

七、八月，代理中文系主任。台大开始正式招生，为招生委员会委员参与工作。全校报考学生约三千五百多人，共录取八百余人，中文系录取卅五人。

十一月廿九日，受聘兼任中国文学系主任。

执掌台大中文系务后,撰《中国文学系的使命》一文,分三节：一、各家不同的见解。二、我个人的意见。三、现行部定中文系科目。未发表。认为中文系负有"继往开来"的责任,主张古文学、新文学研究应并重,语言文字学应独立成系。并指出部定中文系科目不够完善。

一九四九年（民国卅八年） 四十八岁

一月,为开阔中文系学生眼界,规定大二学生再修读英文一年,并鼓励选修外系课程。如：商请历史系沈刚伯教授,同意中文系学生修读其所授"西洋通史"及"西洋文化史"；又商请外文系主任英千里教授、心理系主任苏乡雨教授分别为中文系学生讲授"西洋文学史纲"及"心理学"等。

为台大医学院病理学教授叶曙刻姓名印章一方。

一月二十三日,台大校长傅斯年莅任一星期,调整台大教职员薪俸,获校长函称,自一九四八年八月一日起改每月薪俸为新台币五百八十元。

五月十三日,傅校长来函称自一九四九年五月一日起薪俸改为新台币六百元。

傅校长来函,述及有关聘史次耘事,称其要作"理学名儒"。

八月四日,傅校长函续聘台静农为中文系主任。

秋冬,戴静山有《为静农题画》五绝、七绝各一首。

九月,编选《史记》《孟子》各十余篇,用为一九四九——九五〇学年上、下学期大一国文教本。

十月七日,画直幅老松赠成都绰裕(姓待查,似是白沙女师院同事或相识之学生)。

约十月间,在台大外文系主任英千里办公室,与旧识画家溥心畬相见。之后,常受溥之托代为借书。

一九五〇年 四十九岁

为溥心畬刻四印:二方为名字,另二方为《义熙甲子》《逸民之怀》。

著《记四川江津县地卷》,八月载于《大陆杂志》第一卷第三期。

八月,作《记孤本〈解金貂〉与〈温柔乡〉两传奇的内容及结构》,载于九月台北《大陆杂志》第一卷第四、五两期。

作《谈写经生》,载于十一月《大陆杂志》第一卷第九期。

作《冥婚》，载于十一月《大陆杂志》第一卷第十期。

十二月二十日，台大校长傅斯年逝世。卅一日举行追悼会，代台大同仁作祭文，又以个人名义作挽联。

一九五一年　五十岁

三月，篆隶刻《钱思亮》印章一方。

"歇脚盦"昙花夜间开放，邀约戴静山、许诗英同观。戴静山有诗题《歇脚盦中昙花夜开静农剪一朵置盆水中呼余与诗英共观》。

著《中国文学由语文分离形成的两大主流》，载于五月十五日、卅一日台北《大陆杂志》第二卷第九、十两期。

八月，大千居士自香港来台旅游，随身携带大风堂三宝——顾闳中《韩熙载夜宴图》、董源《潇湘图》、黄山谷书《张大同手卷》。

九月，与张目寒陪同大千居士至台中雾峰北沟"故宫博物院"参观书画，由该院主任庄尚严接待。有文记大千当时观画"随看随卷"，说出画的精微与源流，当场作画"疾如风雨，瞬息便成"。

九月末，大千居士拟去日本小住，由张目寒建议，将三件至宝暂存在台静农家，遂"有说不出的惶恐"，藏于壁橱旧衣堆中。

约十一月，大千居士自日返台，取走三件至宝。

与黎烈文等被台湾某文学团体指责为"左派同路人""时局的观望派"，如对反共不表态，即该送绿岛管训。

一九五二年　五十一岁

作《记〈银论〉一书》，介绍其历史背景与内容，收入《龙坡杂文》。

著论文《两汉散文的演变》，九月刊于《大陆杂志》第五卷第六期。阐述前后两汉散文如何由初期策士文，一变为史传文，再变为文士文，三变为批论文。

一九五三年　五十二岁

七月卅日，续聘为台大中文系主任，时校长为钱思亮。

一九五四年　五十三岁

十二月，大千居士自巴西赴香港，举行画展，以自绘《花卉册页》一套相赠，各页均有题跋。台湾师范大学（原台湾省立师范学院）艺术系教授溥心畬闻讯索观画册，携之以往，溥氏提笔即题，不曾构思，便成妙文。

十二月,受"教育部"大学用书编审委员会邀,撰写《中国文学史》。签约并预领一半稿费新台币九千元。

一九五五年 五十四岁

七月,董作宾以甲骨文书沈兼士联文相赠:"告往知来,其学日益;先畴旧往,乃家之光。"

为董作宾刻姓名印章一枚。

一九五六年 五十五岁

著《魏晋文学思想述论》,载于十二月《文学杂志》第一卷第四期。

《庾信的赋》,约作于本年前后,主要论述《哀江南赋》承前启后,其特色便是写实,在以绮丽刻画为工时代,开辟新路。

《魏晋文学思想述论》发表后,意犹未尽,又作《嵇阮论》,未发表,后收入《静农论文集》。

八月,为孔德成刻印章一枚。

一九五七年 五十六岁

五月,画无量寿佛,预贺庄尚严五十九岁寿诞。

冬，为台湾开明书店标点重印本《陶庵梦忆》作序。

一九五八年　五十七岁

是春，为美国加州大学陈世骧教授及其夫人梁美真女士刻姓名图章二方。

四月，论文《柳宗元》，载于《中国文学史论集》第二集，台北中华文化出版事业委员会印行。

五月廿日，论文《关于李白》，载于台北《文学杂志》月刊第四卷第三期，署名"白简"。

七月卅一日，致函校方依规定自八月一日起，休假一年，并请辞系主任。五日校长钱思亮函请继续主持系务，并附原聘函两件。

八月十日，校长函请台大中文系戴君仁教授代理系主任。

受聘为东亚学术计划委员会委员，主任委员为李济教授，会址设在台大总图书馆后楼三楼。

九月，获悉老友庄尚严长子申，服役金门，时爆发炮战，身居危地，致函庄尚严北来，商请有关人士，援手以护其安全。

本年，为胡适刻《胡適之印》图章一方。之后，又为刻印章四方,即篆体《胡适》《胡适校书记》《胡适手校》及楷隶《胡适的书》。

一九五九年　五十八岁

为毛子水刻印二方:一为篆字阴文姓名《毛准》,一为椭圆形篆字阳文《大患为有书》。

五、六月间,受赠大千居士在巴西八德园临《瘗鹤铭》一本四十六页。

十二月十二日,胡适来函,建议重印《淮南民歌》为单行本。

越三日,胡适再来函,并送《歌谣周刊》备用。

是年,获哈佛燕京社东亚学术计划委员会资助,开始进行《百种诗话类编》工作。任主编,设计体例、类目,并督导工作。参加工作者有台大中文系助教欧缃芳,中文所研究生彭毅、郑锦全三人。

一九六〇年　五十九岁

是年前后,《中国文学史》初稿完成,分送门人辈为之校阅。

二月九日,行书写王国维《人间词话》语赠何佑森。

七月四日，台大文学院院长沈刚伯赴美参加会议，考察欧美教育，校长钱思亮函请台静农暂兼文学院院长，是月二十九日钱思亮函称台静农代院长请转文学院各系主任聘函。

八月，篆刻《我生之初岁在辛丑》印章一方，赠同事友人戴静山教授。

一九六一年 六十岁

是年前后以蔡元培所撰《德育讲义》为大一国文辅助教材。

六月二十二日，陪同"故宫古物馆"负责人庄尚严到南港"中央研究院"见胡适。

八月，受胡适之托，为其刻《胡适的书》四字阳文隶书图章，九日交屈万里带回南港交胡适。

十一月，与屈万里谈起胡适前在北大曾有《中国文学史选例》讲义，对初学者有用，建议胡适交书局印出。一九六三年二月方由台北"商务印书馆"出版。

二十日，获"国史馆"馆长罗家伦赠明倪元璐《把酒漫成》七律卷轴赝本。

《唐代诗歌的发展》论述唐诗兴盛的原因，及初唐"沈

（佺期）宋（之问）""四杰"（卢照邻、骆宾王、王勃、杨炯）、陈子昂等诗人的新风格。《唐代自然派的诗人》论述王维、孟浩然两家诗风渊源与特色。两文约写于本年。

一九六二年　六十一岁

一月，行草临晋人索靖书二帖：《月仪帖残卷》《出师颂》。

一月，临《居延汉简》四十字。

二月廿三日，胡适托胡颂平送来打字油印本《康南尔传》。

廿四日上午，台湾"中央研究院"负责人胡适在南港蔡元培馆主持第五届院士会议，选举新"院士"。下午五时出席酒会，六时卅五分胡适因心脏病猝发逝世，年七十二。当晚与毛子水、罗家伦、蒋复璁等从台北赶到南港蔡元培馆吊唁。

作《齐如山最后一封信》，载于一九八六年六月香港《大成》第一百五十一期。后改题《读〈国剧艺术汇考〉的感想》，认为《汇考》一书"实是研究平剧的一部空前未有的著作"。收入《龙坡杂文》。

一九六三年　六十二岁

三月廿七日，参加台中北沟庄慕陵主办之修禊聚会。

十一月，溥心畬去世。

一九六四年　六十三岁

为孙克宽《诗人与诗》一书作序，收入《龙坡杂文》。

作《论碑传文及传奇文》，载于三月一日台北《传记文学》第四卷第三期。

六月，致函庄慕陵，称蒋复璁特嘱转达请任"故宫博物院"副座。

六、七月，庄尚严任台北"故宫博物院"主要负责人，为刻印三方：一、阴文篆《庄严》，二、阳文篆《慕陵》，三、阴文篆隶大印《庄严印信》。

秋，台湾"中央研究院"史语所陈盘院士撰《故"中央研究院"院士董作宾先生墓碑铭》，以隶体为之书写。

一九六五年　六十四岁

二月，为故友乔大壮前为正忠书扇面人境庐旧诗题跋并画墨梅。

五月，为戴静山书房写《藤风书屋》横披匾。

《中国文学史稿》虽已完成，但尚未交稿，六月二十五日编译馆来函催促。

十一月某日，与庄尚严访"丽水精舍"。画家喻仲林以素册赠庄，庄尚严留册于"歇脚盦"。为其书隶体"文人慧业"四字，绘花木果树小品三十幅，约年底完成。翌年元月，庄尚严获此画册，题封面曰"静者逸兴"。

著《论唐代士风与文学》，载于十一月台大《文史哲学报》第十四期。

一九六六年　六十五岁

为庄尚严作画册。

是年，参加书画会，每月聚会一次。成员有孔德成、程沧波、王静芝等八人。

是年，为门生梅苑《〈红楼梦〉的重要女性》一书作序，提出，"如果有人将《红楼梦》的语言作一番研究，倒不失为研究《红楼梦》的另一方向"。

六月，行书写七言绝句二首。

九月廿八日，教师节，接到蒋中正具名请帖，于是日中午十二时卅分在台北中山堂会餐。

作《平庐的篆刻与书法》，载于一九六六年十一月台北艺文印书馆初版《董作宾先生逝世三周年纪念集》，收入《龙坡杂文》。

约十二月，行草书日本人夏目漱石的七言诗条幅。

十二月二十一日，罗家伦七十寿辰，为刻特殊形体篆字印章《志希长年》以贺。

岁暮，行书写旧作《无题》两首寄赠郑清茂。

又行书写避地蜀中乙酉、丙戌两年旧作七律《行脚》《读遗山诗有感》《和青峰》《孤愤》及五律《孤愤》五首寄郑清茂。

又写夏目漱石诗赠郑清茂夫妇。

一九六七年　六十六岁

作《夜宴图与韩熙载》，载于一月台北《纯文学杂志》第一卷第五期。

二月，临王羲之《十七帖》，廿三日携往参与书艺界人士雅集，传观之后，为江兆申所得。

四、五月之交，隶书写五言联："琴伴庭前月，衣无世外尘。"

五月，隶书写"多谢""载得"七言联赠江兆申。

八月，台大中文系始招博士班学生。

十月中旬，画直幅红梅赠何佑森夫妇。

作《从"选词以配音"与"由乐以定辞"看词的形成》，载于十二月台北《现代文学》第卅三期。

一九六八年　六十七岁

二月廿七日上午，张大千以艺术造诣获华冈"中国文化学院"颁赠荣誉博士学位，时"院长"张其昀邀各界人士观礼，与张目寒、庄尚严等百余人皆受邀出席并参加午宴。

三月，隶书拟金农五言联："冷香残雪外，画谱水仙迟。"

四月廿七日，为大千居士七十寿辰，刻石印二方《大千长年》《髯公长乐》贺寿。

六月下旬，获赠大千居士巴西八德园庋藏二十年倪元璐《古盘吟》真迹。

七月，坚辞台大中文系主任，改为专任教授，由屈万里继任系主任。

秋，应王仁钧之请，行书写王荆公七绝三首条幅以赠。

为辅大副校长英千里教授刻隶体姓名印章一枚。

一九六九年　六十八岁

二月十四日，临东坡《寒食帖》，并书黄庭坚跋。

六月十九日，隶书写汉镜铭文扇面及梅画赠陈夏生。

六、七月之交，隶书写恽格（南田）语。

一九七〇年　六十九岁

二月四日，作《盘庵属题白石老人画辛夷》诗。

新年春节先后画墨梅、红梅、水仙各一幅赠罗青、碧华夫妇。

二、三月间，应杨崇干之请，以石门分隶为书《礼运大同章》。

又集陶渊明《归去来兮辞》语，行草书"倚南窗以寄傲，临清流而赋诗"一联赠杨崇干。

又行草书张旭诗二首，并以赠杨崇干。

七月，应梅志超之请，草书五律一首以赠。

又草书恽南田诗五绝一首，一并赠之。

秋，应惕素之请，行书写晁冲之七言律二首以赠。

作《〈病理卅三年〉序》，载于九月一日《传记文学》第十七卷第三期。

作《诗人名士剽劫者：读〈世说新语〉札记》，载于十月一日《中国时报副刊·人间》。

一九七一年　七十岁

一月十一日，为蔡元培一百〇四岁冥诞，受邀在南港"中央研究院"演讲《智永禅师的书学及其对于后世的影响》，载于"中央研究院"刊《蔡元培先生诞辰纪念学术演讲集》。

夏，前在《歌谣周刊》登出之安徽民歌一百一十三首，由娄子匡编入其主编之《民俗丛书》第廿四种，取名《淮南民歌集》，由台北东方文化书局印行。

五月，老友庄尚严小楷书扇面寄禅白某诗，付其儿媳陈夏生，为其画红梅扇面并题记。

六月，为张雪门《闲情集》作序，该集于一九七三年由台北童年书店出版。

八月中旬，应郑良树之请，行书写《瓯香馆诗》三首。

八、九月间，隶书摹《张迁碑》扇面。

九月末，行书写恽格《题笪侍御洞天图》（其一）（其二）及《送春》诗共三首。

十月四日，画红梅花一幅，赠丁邦新、陈琪夫妇。

秋冬，老友张目寒招饮，座中展示张大千居士七十岁自画像。

一九七二年　七十一岁

年初，刻《壬子》石印一枚赠大千居士。

一、二月间，《天问新笺》脱稿。五月，由台北艺文印书馆专集印行。

是年春，主编《百种诗话类编》标点，校正完成，付印作序，两年后出版。

三月，行书写七绝二首赠李仁泽。

四月，为璎珞创作集《雪地里的春天》作序。

著《女真族统治下的汉语文学——诸宫调》，载于六月《中外文学》第一卷第一期。

六月下旬，画梅竹团扇一幅，赠陈夏生。

十一月二日，为老友常惠刻白文印章《为君长年》。

是年，将所藏别下斋校本恽格《瓯香馆集》交台北学海出版社影印，十一月出版。

一九七三年　七十二岁

《记张雪老》文，作于张雪门"去世已及周年"时，收入《龙坡杂文》。

二月三日晚，应孔达生之命，为其画寒梅、水仙合一图。

是年为永和第廿七癸丑，农历三月三日，庄尚严在台北外双溪"故宫博物院"后山，集士女儿童四五十人，举行修禊，传为一时盛事，与台大中文系教授多人受邀参与。

四月，撰《祓除与王羲之兰亭》。

六月，隶书临《杨淮表纪》。

又隶书写对联"酒为欢伯，诗杂仙心"。

一九七一年六月，大千居士在美国加州购置"环荜盦"别墅，两年后刻《环荜盦》石印一方赠大千。

六月二十九日，与毛子水、沈刚伯、戴静山教授退休。在文学院会议室举行茶会欢送，并摄影留念。

七月二十二日，临邓石如隶书东汉崔瑗《座右铭》中九句四十五字。

八月八日，书画碑帖收藏鉴定名家蒋谷孙逝世，二十八日将近年应其嘱所作书画题记七则，另附二则汇为一编，作题记，名曰《题显堂所藏书画录》，载于十二月台湾《中国书目季刊》第七卷第三期，收入《静农论文集》。

八、九月，受聘为士林外双溪东吴大学中文研究所研究教授。

九月一日，受聘为辅仁大学中国文学研究所讲座教授。

天津李霁野来函。九月七日回复。

十月二十五日，函复美国杨联升教授，并寄歇脚偈十八语。

一九七四年　七十三岁

春，画梅兰图，庄尚严题"双清"。

隶书写五言对联"观水悟天趣，临觞怀古人"赠台湾师范大学艺术系教授高逸鸿。

隶书写张佛千撰嵌名联"罗带同心碧鳞比目，青玉合璧华藻扬芬""碧水清芬莲花并蒂，青春仙侣罗带同心"，贺罗青、碧华夫妇嘉礼。

一月间，墨菊一幅赠高雄中山大学中文系教师陈燕女士。

墨梅一幅赠陈燕。

又画葡萄一幅赠陈燕。

元月十七日晚，临汉文帝后元六年篆隶石刻十五字。

又临汉隶天凤三年《莱子侯刻石》三十四字。

作《李玄伯先生的古史研究》，收入《龙坡杂文》。

二月，画梅花团扇，赠陈夏生。

四月，画墨梅《老干枝少花稀》，题词句云："背人偷折最高枝，清香满袖，犹记画堂西。"

五月，主编《百种诗话类编》上、中、下三册，由台北艺文印书馆出版。

夏，行楷书袁宏《三国名臣序赞》于扇面。

六月，行书写李白七绝十一首四屏轴，赠明量。

七月，作《书"宋人画南唐耿先生炼雪图"之所见》，载于一九七五年一月一日《中外文学》第三卷第八期。

七月某日，酒宴后行草书横披魏晋名士向秀《思旧赋序》。

八月，行草书寒玉堂诗联："山静鹤听松子落，庭空燕逐柳花飞。"

九月七日，致天津李霁野函，告以近况，"身体尚健"。

十一月，楷书临《爨龙颜碑》。

一九七五　七十四岁

作《何子祥这个人》，收入《龙坡杂文》。

回想五六十年前离乡下淮河，乘舟远行事，作《少年行》一诗。

作《佛教故实与中国小说》，载于一月香港大学《东方文化》第十三卷第一期。

春，有《种桃十年始花》诗一首。

为郑因百先生《桐阴清画堂诗存》题署。

作《唐明皇青城山敕与南岳告文》，载于三月《中国书目季刊》第八卷第四期。

三月，拿出所藏明代遗老傅青主诗稿影本一册，交台北学海出版社影印，名《傅青主自书诗稿真迹》。

思念旧侣，五月初作《念家山》一诗。

六月九日，抄写自作诗篇四十四题、四十五首，交付女弟子台大中文系林文月教授。

六月间，忆北京什刹海边故居，有《忆北平故居》诗。

七月，台北艺文印书馆严一萍收《晋王羲之三帖》《隋贤劫经》《唐贺知章孝经》《唐汉书》等写本墨迹共十四种为一编。各以行隶题署其封面，内页曰《晋唐真赏十四种》。

秋，行书题署溥心畬《寒玉堂画论》。

张大千七十七岁，在美国"环荜盦"画荷一幅寄赠，题《为静农画荷》。

冬，隶书临《史晨碑》四十四字。

十一月，画直幅梅花，疏花白色枝干。图右图左各题东坡句、晦庵诗。

画墨梅,老干疏萼,四五花朵飘落中,题以龚定盦诗:"落红不是无情物,化作春泥犹护花。"

十一月十二日,阴雨苦寒,行书写横披王粲《登楼赋》遣闷,并赠罗联添。

十二月,横披书王粲《登楼赋》赠台大中文系林文月教授。

隶书摹裴岑《纪功碑》。

一九七六年 七十五岁

一月二十五日,大千居士偕夫人自美来台,携《九歌图》手卷嘱台静农为之题记。二月五日题记完成,称大千先生"造妙入微,想松雪见之,亦当失色"。

四月二日,兴至偶书隶体联文:"英雄混迹疑无赖,风雨高歌觉有神。"

五日,行草写条幅七绝一首。

四月上旬(清明后),草书写恽南田《树石》五绝一首。

四月二十九日为大千居士七十八岁寿辰,刻《以介眉寿》《以优延年》寿山石印二方以贺。

九、十月间,摹张颠草书,写道教诗一首。

十月，台北河洛图书公司出版《中华历史文物》（上、下册），以行草题写封面。

十月八日，撰《乔大壮印蜕序》。

十二月十五日，为前台大文学院院长沈刚伯八十诞辰。作《书道由唐入宋的枢纽人物杨凝式》论文为寿，载入《沈刚伯台先生八秩荣庆论文集》。

十二月，作《明代〈十竹斋画谱〉序》。

岁暮，将历年讲授楚辞考索所得百余事，辑成《读骚析疑》，载于翌年三月《东吴文史学报》第二期。

是年，为美国哈佛大学退休教授杨联升刻印章四枚以贺其七十寿辰。

一九七七年 七十六岁

一月十一日，临祝枝山狂草手卷七绝三首。

一、二月间，画梅花一幅赠陈夏生。

友人俞大纲以心脏病突发逝世，作挽联。

五至七月间，行草书南朝隽语七言十二句，赠梅志超、陈燕夫妇。

行草书大字横披《蓊葹庐》。

七月，行草写王安石五言长诗条幅。

作《辽东行》，载于七月十六日《联合报·副刊》。

七月廿三日，画墨梅《老干奇葩》为庄尚严祝寿。

九月前后某日，行走台北市长安路，竟无端跌跤，赋诗《向庄慕陵乞杖》寄庄尚严，庄尚严送藤杖一枝，作《西江月》词以答。

秋，著《郑羲碑与郑道昭诸石刻》，以纪念董作宾逝世十四周年，并以行书题署《纪念刊》封面。

画梅花小品，题宋人诗句"孤灯竹屋清霜夜，梦到梅花即见君"，交付旅美长女纯懿转寄天津老友李霁野，李霁野十二月收到。

十二月，行书写"画桥""绿杉"八言对联赠沈秋雄。

作《〈明清名人法书〉简介》，载于台北联经出版公司经销之日本二玄社版《明清名人法书》别卷。

一九七八年　七十七岁

一月，画墨梅横披。

应施淑之请，行书写龚定盦诗。

为罗联添编《中国文学史论文选集》，用行、篆二种字体题署。

作《〈白话史记〉序》，载于翌年三月联经出版公司初版《白话史记》。

一、二月间，行草书钟山遗老《学圃歌赠邓孝成》。

二、三月间，行草书唐人诗二首，赠台北华正书局经理郭昌伟。

三月，隶书临《孟璇碑》二百四十四字，赠明量。

以行书写张大千《大风堂名迹再版序》。

下旬，隶书写梁任公集词十一言联。

著《大千居士画学》，载于一九七八年五月一日台北《艺海杂志》第三卷第一期。

五月七日，为张大千居士八十寿辰，撰寿序以贺，题曰《大千居士吾兄八秩寿序弟静农拜撰》。大千居士时正卧病在床，听秘书念此序，谦称："我实在惭愧得很，平日画的都是别人要我画的，其实那些画都不是我内心真正想画的。"

又画繁枝墨梅赠为贺礼，大千欣然，比为冬心之作。

又《赠大千兄口号》诗，颂扬其绘画成就：破鸿蒙，起衰废。

九月，行草书李贺七绝诗三首。

九月，大千居士在台北市士林外双溪构筑"摩耶精舍"落成，迁入新居。其在台亲友纷往庆贺。为书《摩耶精舍》

四字行书横披匾额,悬于门楣。

秋,为台大历史系王德毅教授编《中国历代名人年谱总目》行书题署封面。

以篆字题《屈万里七秩荣庆论文集》,于十月由台北联经出版。

十月深秋,作《佳人》诗。

大千女儿心沛归来,书函以贺。

秋冬,庄尚严嘱题卅多年前,其居华严洞时戴笠画像,因作五律一首。

十二月九日,台大中文系兼任教授戴君仁逝世,年七十八岁。廿二日,台大中文系治丧会假台北市第一殡仪馆举行公祭,撰挽联。

乔大壮逝世三十周年,追思故友,十二月为文《记波外翁》。

是年,叶公超捐墨拓与台北"故宫博物院",主要负责人江兆申负责点收,发觉其中若干拓片文字语意不明,乃来请教,认为此为汉代死囚墓石,即所谓"髡黔"之意。

行草书温庭筠七绝诗四首。

一九七九年　七十八岁

春霪雨，有感赋诗。

作诗《学生登阿里山归戏示》。

书杜甫《秋兴》八首长卷赠北京启功。启功有《龙坡翁书杜陵秋兴八首长卷题后》诗。

春过台北青年公园，回想三十年前萧明华遇害事，赋诗悼念。

行书写连雅堂《过故居诗》赠罗青夫妇。

隶书集孔庙《礼器碑》七言联赠陈夏生。

一月间，行草书李义山七绝三首。

一、二月间，访"摩耶精舍"观大千新作《春水游鱼图》，题诗。

二月，应台湾"教育厅长"刘真之命，作《溥儒日月潭教师会馆碑跋》。

十六日，"中央研究院"负责人、台大中文系屈万里教授逝世，年七十三岁。三月十日，在台北市第一殡仪馆景行厅举行公祭，撰挽联。

三月，行草书葛长庚七绝诗。

四月，为应流先生行书写宋人诗三首。

五月,携大千画作《瑰玉写照》至"摩耶精舍"请题。

二十三日,隶书临后汉《衡方碑》长卷一百五十九行,每行四字共六百三十四字,视清代古鉴阁藏本七百九十二字,少百余字。

五月三十日,行楷写沈秋雄集唐宋词句十一言对联。

又隶书写沈秋雄集《六一词》句十二言对联。

六月间,隶书写陶弘景《答谢中书书》,自"山川之美"至"自康乐以来"五十九字,末句"复有"以下七字,以小字行草书写。

六月初,为戴静山先生作《〈梅园诗存〉序》。

九日,王叔岷教授离台返星洲南洋大学。行前,台先生录前作歇脚偈语一篇、诗六首行书写为横卷,末附墨梅,题记以赠。

八月,行书节写曹植《洛神赋》卷。

八、九月间,行书写苏轼前后《赤壁赋》赠回堂(应流)。

九月廿九日,行草书清代严可均题明代遗民董若雨诗。

作《〈张大千巴西荒废之八德园摄影集〉序》,载于一九七九年十月一日香港《大成》第七十一期。

十月,作《北平辅仁旧事》,载于翌年五月廿四日《联合报·副刊》。时值辅大五十周年纪念,"回忆当时诸先生",称赞其对教育与学术之贡献,为其相继作古而叹惋、伤感。

十一月,画直幅梅兰图枝繁花茂。

中旬,行书写阮籍《咏怀诗》六首。

十一、十二月之交,行书写恽格《题画诗》七绝二首,以应大松嘱托。

作《〈六一之一录〉序》,刊于十二月十六日《联合报·副刊》。

秋、冬,出示与二女所藏溥心畬山水画三幅于郑因百先生,郑因百称为精品,题诗六首。

冬,长夜难寐,作《夜》诗。

有感于时事,作《腐鼠》诗,有"不信人间有道穷"之句。

作《题大千画像》诗。

一九八〇年　七十九岁

行草书南宋刘克庄《过江西道中诗》。

行书写《岁寒草堂》匾额。

行书寒玉堂联语:"龙飞龟掣铜盘字,虎跃蛟腾石鼓文。"

师颜鲁公笔意行草书唐诗人戎昱七绝一首。

书《石门摩崖石刻》集字联:"汉阳嘉残石,秦峄山遗文。"

书《石门摩崖石刻》集字联:"南北成安平域,春秋书大有年。"

一月,为曾永义作《〈说俗文学〉序》,载于一九八〇年四月联经出版公司初版《说俗文学》。

二十一日,为台北远景版《地之子》作《后记》。

二月下旬,老友"监察委员"张目寒逝世,年八十一岁。代张大千撰挽联,辞意与张大千自作者略同,未用。

年初,友人北京大学中文系教授魏建功心脏病发逝世,赋诗悼念。

作《有感》诗。

春,行书写恽南田七绝诗二首:《牡丹》《饮颛庵太史拙修堂感旧四首》(其三)。

三、四月间,集《石门摩崖石刻》字,写五言联赠李义弘(在川)。

暮春之初,书石门隶书联文:"老子五千言道德,大令十三行法书。"

四月五日后,行草书王维《积雨辋川庄作》赠张光裕夫妇。

上旬,行草书寒玉堂联语:"柳絮春波鱼自乐,杏花微雨燕双飞。"

又行草书恽南田《题竹石》《桃林紫燕》七绝二首。

下旬,行书写七言联语:"酒阑兴发更张烛,帘垂茶熟卧看书。"

作《〈郁昌经先生书画集〉序》,载于一九八〇年五月一日香港《大成》第七十八期。

六月中旬,应大千居士之邀,赴"摩耶精舍"观赏白莲花,归后行书写寒玉堂联文:"黄莺隔叶啼春水,紫燕穿篱送落花。"

六月,台北远景出版社刊印《台静农短篇小说集》,共十五篇,书前有评论两篇:一九七九年刘以鬯《台静农的短篇小说》和乐蘅军《无言的悲情——读台静农短篇小说中悲运故事》。

作《看了董阳孜书法后的感想》,载于一九八〇年六月十八日《中国时报副刊·人间》,原题上有"阳刚之美"四字。

应许仁图之请,为其小说《钟声二十一响》作序,刊于一九八〇年七月八日《中国时报副刊·人间》，改题作《钟声一响，一鸣惊人》。

作《〈早期三十年的教学生活〉读后》，载于一九八〇年八月一日《传记文学》第卅七卷第二期。

为庄伯和作《〈艺术见闻录〉序》，载于一九八〇年八月七日《联合报·副刊》，改题《中国人物造型美》。

八月，拟孙过庭笔法，草书"羲之往都"以下四十一字。

八月，行草书临古法帖五则。又行草书王维《积雨辋川庄作》。

行草书联文："秋风古道题诗瘦，落日平原纵马高。"

临汉铜器铭文分隶自"阳泉使者"至"传舍啬夫兑"四十八字及篆法"乘舆"以下二十三字。

下旬，行草书杜牧七律一首。

八、九月，读吴梅村诗，以《石门摩崖石刻》隶体书其中两句："石鼎支茶灶，匡床挂瘿瓢。"

致函王叔岷先生，于其治学辛劳，有所劝戒，王作《答静农兄》一诗。

九月廿一、廿二日，拟欧阳询行书《张翰帖》九十八字。

又行草书横披义山诗七绝五首。

稍后,又行书写杨万里《竹枝歌》三首。

廿四、廿五日,行草书宋人小诗七绝三首。

又行草书李太白《秋下荆门》诗。

是秋,隶书题《戴静山全集》,又以行楷为题其中论著名《中国文字构造论》《阎毛古文尚书公案》《春秋辨例》《梅园论学续集》《梅园论学三集》《梅园论学杂著》,另以隶体及行书题《梅园诗存续编》《补编》及《梅园外编》等书名。

九、十月间,行草书白石道人诗七绝五首。

十一、十二月,隶书写六言联:"花好月圆人寿,时和世泰年丰。"

又行草书义山七绝二首。

十二月,应沈秋雄之请,隶书写陶潜《扇上画赞》四联屏。

冬,行草书写贾至七绝二首。

行草书李太白《行路难》三首之一。

一九八一年　八十岁

是年春,刻《辛酉年》石印一枚。边题:"开岁八十矣,戏制此印,以验老夫腕力。"自认为"不错,手劲还可以"。

以书法写墨梅,题王荆公诗。

又以书法写墨梅,倒挂横斜、枝萼稀疏。

画墨梅,花枝横斜萧散,题词句云:"想佩环月下归来,化作此花幽独。"

画直幅黑石、墨竹,有钤印、无款识。

画横幅斜曲枝干墨梅,一九九四年北京启功撰题七绝一首。

画直幅瘦梅,枝干弯曲,花蕊稀疏。一九九五年四月江兆申赋诗题其左。

墨画葡萄。一九九五年四月江兆申题称"紫玉",并云:"学汉韩叔节孔庙《礼器碑》字,拜识静农墨画葡萄。"

墨色梅画,从左至右披散,枝萼繁茂。一九九五年二月台湾师范大学(简称台师大)汪中(字履安,号雨盦)教授题以高启诗句"春愁寂寞天应老,夜色朦胧月亦香",并称"风流标格正与此相合耳"。

直幅瘦梅小竹图。一九九五年二月汪中题以宋人词云:"竹外疏花,香冷入瑶席。"

直幅红梅,枝萼稀疏。一九九五年二月汪中教授题词云:"昭君不惯胡沙远,但暗忆江南江北。美人名士正花魂也,此为龙坡丈人精品。"

墨梅二株，一自左倒挂横斜，一由右横斜上扬，皆小枝疏花细蕊。汪中教授题朱祖谋（彊村）词云："绿萼花来方晼晚，消得闲情诗卷。"

左上右下两丛红梅，繁萼多枝。未有款识、钤印。汪中教授为之题龙坡诗句云："春魂渺渺归何处，万寂残红一笑中。"

疏萼曲枝墨梅。一九九五年汪中为之题识。

画老干横斜墨梅，枝萼稀疏。一九九四年冬北京启功撰题七绝于其后。

墨菊一枝四萼，左旁一瓶一杯，无题记。

墨画芭蕉梅花，无题记。

拟金农老干疏枝梅画，并录其题诗。

仿项孔彰画瘦梅图，并录其题诗。

画梅石图，行草题陆游（放翁）六言诗。

画双干疏萼墨菊图。

行草节录书恽南田《湖上草堂送友》歌。

行草书梁启超（任公）七律《庚戌感怀》。

行草书杜牧七律一首。

醉后，行草书王安石（介甫）诗三首。

一月下旬，行草书李商隐（义山）七绝三首。

79

二月十九日后,行书写恽南田《怀王石谷》诗三首,以赠干城。

廿四日,行草书陆放翁绝句二首。

三月间,行书写七律诗一首。

二十日前,偶作墨梅一幅。

廿三日,忆及二十岁梦中得句,足成七绝一首。女弟子方瑜奉读后,作和诗三首。

四月,作《随园故事钞》,载于一九八八年四月二十一日、五月十五日、五月二十日、六月五日《联合报·副刊》。

五月,梅雨时节,行草书写七绝诗三首。

台北学海出版社刊行《古今名联故事》,以行书题封面。

夏,行草写康有为《论书绝句》二首。

六月,作《溥心畬山水长卷·远岫浮烟图卷》题记,称其精神笔墨足与马(远)、夏(圭)抗衡。

作《记王荆公诗集李壁笺注的版本》,载于六月《辅仁学志》第十期。

行书写袁宏道(中郎)怀李卓吾诗语:"老子本将龙作性,楚人原以凤为歌。"台大经济系华严教授见之,曰:

"应归我有。"遂题以赠之。

书石门隶书五言联："梵理右丞画，清标大令书。"

行草书李贺《秦王饮酒》乐府诗十五句。

行草书横披向秀（子期）《思旧赋序》。

行草书横披恽南田《古意》五言一首十四句。

书石门隶体联文"天地堪怀古，江山独赋诗"，赠台师大国文系教授汪中。

行草书寒玉堂联文："每怀清兴谈风月，自有高怀满水云。"

行书写宋人词句"燕子来时更能消几番风雨，夕阳无语最可惜一片江山"，赠林文月教授。

书《石门摩崖石刻》隶书五言贺寿联："原持山作寿，常与鹤为群。"

行草书横披苏轼（东坡）《望湖楼醉书》七绝三首。

草书横披写谢翱、郑思肖七绝三首。

大字行草书横披苏东坡《赤壁怀古》词"故国神游，多情应笑我，早生华发"十三字。台北"故宫博物院"收藏。

七月卅一日，撰《刚伯亭献辞》，称其"襟怀磊落，器度恢弘，贞不绝俗，介不忤物"。

新秋（八月）坐雨，书联："敖曹地上虎，希夷人中龙。"

九月,行书写对联:"盘螭金错秦宫剑,舞凤珠垂汉殿镫。"

集《石门摩崖石刻》字,写五言联"断石校汉隶,高秋诵楚辞",赠薛平南。

十二日前,行草书李贺(长吉)《咏仙人》诗。

秋,应薛平南之请,行书写前人论印诗条幅。

又行草书写七绝诗二首。

十月,《台静农教授的书法》特集在日本东京印行。

重阳节后,行书对联:"风流岂落正始后,探道欲渡羲皇前。"

大千居士以《元纸画巴蜀山水》赠贺台静农八十寿,郑因百先生赋长歌题其后,其中云:"尽收百景归毫端,持赠故交不吝惜……愿君珍重此丹青,视若随国明珠卞和璧。"

十一月十一日,接到台湾"历史博物馆"负责人何浩天函,邀约在"国家画廊"展览书法,以准备不及,拟请延至明年十月至十二月。

二十日,八秩寿诞,台大中文系门人献论文集祝贺。

十二月三日后,行草书写杜甫七言律绝各一首《秋兴八首》(其二)、《戏为六绝句》(其四)。

一九八二年　八十一岁

是年，台大文学院哲学系搬迁至农推系旧馆，以分隶为署《哲学系》及《哲学研究所》二直匾，悬于该馆正门左右旁。

日本友人青山杉雨膺选日本艺术院会员，作诗称贺，题曰《日友青山杉雨膺艺术院会员之选》。

一月，为汉学研究中心隶书题署"汉学研究通讯"六字。

二月上旬，行草书四屏李白、杜甫、王维、王昌龄四家诗各三首。

农历残腊，燠若初夏，读吴梅村（伟业）《琴河感旧》七律四首有感，以行草书之并书其序一百三十三字及题"吴梅村琴河感旧"七字，共三百六十四字。

作《记"文物维护会"与"圆台印社"：兼怀庄慕陵先生二三事》，刊于三月十一日《联合报·副刊》，收入《龙坡杂文》。

三月，行书写杜甫《秋兴八首》（其七）。

四月五日后，行书书写陶渊明《拟古九首》（其三）（其九）。

四月廿日,为台师大汪中教授《儒城杂诗》作读后记。称其诗"不唐不宋,竟上逼柴桑"。

四、五月间,行草书写吴梅村七律一首。

五月,隶书拟金冬心笔意写"司马温公"一节二十八字。

夏,以行草题署《董彦堂甲骨文法书集》置于内封页。

五、六月间,"歇脚盦"易名,自刻篆文印章《龙坡丈室》,此后书画多钤此印记。

获张大千绘赠《滟滪堆归舟图》。请王叔岷先生题诗,六月十六日王叔岷作《题画》诗。

居台近四十年,感于书斋"歇脚盦"名不符实,欲易名"龙坡丈室",乃请大千居士为书匾额,五六月间,大千书四字横披从右至左,悬于书室。此后书画题记皆署"龙坡丈室",不称"歇脚盦"。

秋,行草书寒玉堂联文:"攀萝采药分云叶,剪树观碑洗石花。"

行草书联文:"神龙万变海天小,猛虎一声山月高。"

九月二日,张大千在台北"摩耶精舍"将仅存一幅倪元璐字,草书题画诗轴相赠。

秋,楷隶书大千七言诗语:"诗坛历落领珠玉,酒阵森严拥甲兵。"

十月五日至十一日,应去年台北市南海路"历史博物馆"邀请,举行个人书艺展。

十二月,行草书晚唐诗人马戴《楚江怀古》五律一首。

一九八三年　八十二岁

行草写王安石诗二首。画小墨梅一、黑石二。

为常维钧刻篆体图章《为君长年》四字,以贺其九十大寿。

行草书颜真卿《自书告身》四十六字。

行草书唐刘禹锡《阳山庙观赛神》七律一首。

行草书寒玉堂联文:"画禅似识西来意,书法如参空外音。"

行书写寒玉堂联文:"临岩松似餐露客,倚涧花如照水人。"

书《石门摩崖石刻》集字联:"南北安平域,春秋大有年。"

行书七言联文:"春归花外燕相识,两洗林间翠欲流。"

大字草书"干天下之事者要智深勇沉,神闲气定"二行十五字。

写石门隶体书寒玉堂联文:"龙光腾剑气,凤沼超琴音。"

写作石门隶书对联自嘲:"书学石门颂,图观山海经。"

行书对联:"花雨来时游鱼乐,柳荫深处鸣禽多。"

为洪素丽文集《浮草》作序,一九八三年二月由台北洪范书店出版,收入《龙坡杂文》。

二月二十五日,行书写寒玉堂七言联赠吴宏一夫妇。

二、三月间,篆书临《秦诏版》赠沈秋雄。

楷书写《般若波罗蜜多心经》。

约三月五日,至"摩耶精舍"访大千居士,居士称早年《莫高小石窟记》书稿已找出,请为校读,以谋出版。建议将石窟有关问题,由居士口述,秘书笔记分题附于书后,不久,居士因病入院,未果。

三月廿一日,为冯幼衡《形象之外——张大千的生活与艺术》作序,题《为艺术立心的大千》。

四月,观溥伺旧作有感,行书题其诗于卷末。

四月二日,张大千逝世。十四日,遗体火化,中午十二时,骨灰安葬于"摩耶精舍"庭园梅丘石碑之下。十六日,在台北市民权东路殡仪馆公祭,友朋与祭者数百人。往祭并撰联挽之。

黄天才从东京回台北参加大千丧礼后,某日来晤,谈及大千《别时容易》印章，高阳以为是让售古画时钤盖，表示由大风堂直接卖出。台先生不以为然，认为大千受佛教影响很深，乃寄托"没有什么难舍之念"。又解释大千《曾经我眼即我有》印章有二层含意：一、表示观画过目不忘；二、是临摹精心，画为其所有。

六月，《汉学研究·创刊号》出版，以隶书题署封面。

"龙坡丈室"小园紫薇花开，行草书王安石诗二首。

六、七月间，行草书恽南田《客旅遣愁》五律二首之一。

是秋，为台大中文系林文月教授所画《仕女图》，行草书题徐孝穆《玉台新咏序》，自"天时开朗"至"其才情也如此"八十二字。

八月，行书写苏辙《逍遥堂会宿二首》（其二）。

初旬，行草书沈尹默《论书诗》七绝二首。

八月间，行书写周文璞《山居书事》诗二首。

行草写苏东坡等四家诗四屏。

又行草书沈尹默论书诗七绝三首。

九月，写墨梅一幅两棵均横枝疏萼。

秋，行草书崔曙《九日登望仙台》诗中句："关门令尹谁能识，河上仙翁去不回。"

作《〈诗经欣赏与研究〉序》，刊于九月二十六日《联合报·副刊》,题《悲或喜的思想与感情》,收入《龙坡杂文》。

九月十五日,"中央研究院"负责人、前台大校长钱思亮逝世,年七十六岁。十月三日在台北市民权东路殡仪馆公祭。撰联挽之。又以《粹然儒者》为题,著文悼念,赞扬其在台大任内功绩,及其清正自守之儒者风范,该文见《钱思亮先生纪念集》,收入《龙坡杂文》。

作《〈董阳孜作品集〉序》,刊于十月十日《联合报·副刊》,题作《从董阳孜的书法谈书画合的新境界》,收入《龙坡杂文》。

为王静芝个展绘画作《诗画》文,刊于十一月十九日台湾《中国时报副刊·人间》。

十二月,行草写恽南田七言律绝各一首。

一九八四年　八十三岁

在台湾喜好台先生书法作品收藏者合印《台静农行草小集》。王静芝题封面,并作《台静农先生与我》一文。

是年,女弟子施淑持素纸册乞为作书画题诗,因作画九幅,书旧作律绝二十八首,大陆书画鉴赏家谢稚柳评为诗、书、画三绝,可媲美郑广文、梁元帝,因题署《台静农三绝册》。

春,楷书临《爨宝子碑》。

作《甲子春日》诗。论者谓为怀念早年女友而作,女弟子方瑜教授作和诗三首。

一月,行书写旧作《无题》诗赠丁邦新、陈琪夫妇。

又行草写杜甫《咏怀古迹五首》(其三),赠丁邦新、陈琪夫妇。

作《有关西山逸士二三事》,刊于一月十三日台湾《中国时报副刊·人间》,收入《龙坡杂文》。

一月卅一日,行草书元人潘邠赠方回诗句,以赠台大中文系同事王叔岷教授:"诗束牛腰藏旧稿,书讹马尾辨新雠。"

二月,行草书宋僧诗三首。

作《桃花开》《观秦始皇墓车马》七绝各一首。

春夜,以石门隶体书寒玉堂联文:"问道赤松子,授书黄石公。"

春雨之夜,行草书苏东坡词《临江仙夜归临皋》前半阙。

三月,行书写恽格题画诗四首赠周尧。

四月,行隶书写龚自珍诗联:"禅战愁心无气力,雨花云叶太阑珊。"

五日，行书写颜真卿《送别刘太冲叙》。

五月，行书写邓绳侯、陈独秀诗。

获赠新荷二种，行草书大千居士《咏荷诗》四首以报。

六、七月间，用石门隶书写寒玉堂联文："高山知静理，流水辨清音。"又再书此联赠台大中文系教授龙宇纯、杜其容夫妇。

夏夜，隶书写《诗品》三十四字。

盛夏，隶书写李白《洞庭行》，中堂形式。

盛暑之夜，画单干稀枝疏萼墨梅。

六月间，灯下写双干寒梅，枝萼稀疏。

六、七月间，行草书溥心畲联文："闻籁客谈齐物论，临书僧有折钗评。"

台大经济系教授华严出任"国科会"人文处长，为刻姓名印章二方。

八月，《地之子》《建塔者》小说集，共二十四短篇，合为一册，由北京人民文学出版社出版。

廿七日，酷热如孟夏，临《石门摩崖石刻》"自南自北"至"荣名休丽"六十字。

草书苏东坡词："故国神游，多情应笑我早生华发。"

八月末，与夫人结婚六十周年，邀约若干亲友、门生，宴会庆祝。

九月，集《石门颂》字书对联"守斯宁静，为君大年"，寄怀老友常维钧。

八月至十月，隶楷临南朝宋《爨龙颜碑》六十九字，赠台大中文系副教授陈瑞庚。

行草写自作旧句七言联："师友十年埋碧血，风尘一剑敌霜袭。"

秋夜苦热，隶书写《淮南子说林》中语四十二字。

得港友赠送丈二宣纸，十月间奋笔濡墨，行书写鲍照（明远）《飞白书势铭》自"秋毫精劲"至"最是神笔"共一百一十三字。自谓"年过八十，腕力还是能用""居然挥洒自如""没有歪行，没有错字"，意颇自豪。

十月一日夜，闷热如夏，灯下行草书写晏几道《蝶恋花》词一首。

十一月，酒后写汉魏合体横披《唐尧虞舜长寿道春安法师检》十二字。

十一、十二月间，行书联文"尚有清才对风月，便同《尔雅》注虫鱼"，赠老友台大中文系退休教授郑骞先生。

郭豫伦、林文月夫妇编次台先生七十三岁至八十三岁书艺作品为一集，台先生集沈尹默字题署封面《静农书艺集》。十一、十二月间序之。

是年,手抄诗稿廿五首。

一九八五年　八十四岁

一月,行书写《观秦始皇墓中兵马》诗示林文月。

作《我与书艺》,刊于一月十六日《联合报·副刊》,文中从古代书家被役使的情形说到自己退休后为人写字,有如"老牛破车,不胜其辛苦",以及题书签的烦腻。申明从一九八五年始"谢绝这一差使"。末附《〈静农书艺集〉序》,收入《龙坡杂文》。

撰《静农书艺集》后记。

二月,《静农书艺集》出版。

十八日,行草书简斋诗三首,赠许礼平。

三四月间,北京启功收到《静农书艺集》,作《读静农书艺集》,称其隶书开扩,草书顿挫,行书苍劲,"一点一划实际都是表达情感的艺术语言"。

四月,行书写杜甫《观公孙大娘弟子舞剑器行》。

一九六六年,作家老舍在"文革"中不堪受辱,于八月廿四日午夜投北京太平湖自尽,年六十八岁。死后近二十年,作《忆老舍兄》七绝一首悼念。

过北市和平西路范寿康（允臧）教授故居，作《过范允臧先生故居口号》一首悼念。

六月一日，台北《国文天地》创刊出版，以隶体为之题署。

二十日，为台大中文系教授郑因百先生八十寿辰，门人撰文编为《论文集》祝寿。以分隶题署封面《郑因百八十寿庆论文集》。

《死室的彗星》选本小说集收十篇小说，由天津百花文艺出版社出版，胡从经编辑。

九月一日，台北《联合文学》月刊第十一期出版《台静农专卷》，标题《新文学的燃灯人》。

九月，在台北新庄辅仁大学中国文学研究所讲授"中国文学名著讨论"及"治学方法研究"二门课程，至一九八七年七月止。

九月十八日，夫人于韵闲病逝于台大医院，年八十四岁。

九月二十九日后，画横幅墨梅。

十一月，台湾大学中国文学系出版《台大中文学报·创刊号》，允门人辈之请，再破例题署封面。

以学术与书艺成就卓著，十二月十二日获颁"行政院"

文化奖。

是月三十日,《台大校讯》刊出获奖消息,标题称:"台静农教授荣获文化奖,浸淫文学史数十年,见解精到,书法独树一帜,富于朴拙之美。"

一九八六年　八十五岁

于韵闲夫人卒满百日,一月十六日赋《悼亡》七绝一首。

一月十七日,函李霁野,谓得悉常维钧逝世,"不免悲痛""少年知交,凋落殆尽"。自感"一生渺小""所谓自传,实写不出"。

二月,台先生破例为罗联添所著《唐代诗文六家年谱》题署。

二月十三日,收到书法篆刻家王壮赠篆刻二石。

作《伤逝》,载于一九八六年三月三十日《联合报·副刊》,收入《龙坡杂文》。

春,行草书龚自珍《己亥杂诗》第二百四十七首。

四月,行书写杜甫《秋兴》(八首之七)赠马国权(达堂)先生。

一九六二年秋,溥心畬作《千岁老松图》十余卷,为袁守谦"双桐书屋"收藏,署曰"千岁盘老龙",二十四年后,应袁守谦之请,作题跋,称此图"怒龙惊虬""腾蛟伏虎""非有高怀雄笔,安能有此"。

七月十日,由儿媳妇陈惠敏、次孙大翔陪同赴美游览,首途至旧金山,次日庄因(庄尚严次子)、美丽夫妇在自宅"酒蟹居"设宴招待。台先生在嘉宾簿上题记云:"八六年七月十日,与媳惠敏、孙大翔来旧金山,次日庄因、美丽夫妇宴于'酒蟹居',时长女纯懿、长儿同席,饮泸州大曲一瓶,为游美第一快事也。"并赠以书法两张。所书其一为宋代龚元英七绝,题记云:"丁卯清明节,试洋人包装纸,用的是龙须笔。"其二为小楷所书旧作七首,即《念家山》《忆北平故居》《少年行》《有感》《甲子春日》《桃花开了》《秦墓陶俑》。

中旬,与子、儿媳、孙等赴旧金山附近故友大千居士旧宅"环荜盦"凭吊"笔冢"后,即赴美东。

在纽约,住一慕名人士巨墅中,沐浴时不慎跌倒,脑部受伤,当时不觉,打电话告诉庄因夫妇,谈笑自若,庄妻笑其"没见过世面,怯场了",台先生哈哈大笑说"是的,是的,就是这样"。约八月初旬,携家人回台,耄耋之年游美平安归来,甚可庆幸。自嘲为暮年游学。有人询以游美观感，答曰"大而无当，没有庙也看不到和尚"，令人莞尔。

八月十一日晚，画墨梅、瘦梅合一图。

八、九月间，本系某教授选为"中研院"院士，出席台大校友会馆餐厅会餐。席间突然向前倾倒，幸有罗联添搀扶，没有跌倒。后时感昏眩，走路不稳，后终想到此与游美时跌跤有关。九月十四日夜，动手术清除脑中瘀血。

九月十八日，时值中秋，于韵闲夫人逝世周年。动脑部手术后，卧病医院，后有诗悼念。

十一月，台大聘为名誉教授。

行书写七言联："相逢握手一大笑，故人风物两依然。"

冬，行书写白居易《杭州春望》诗。

十二月，行书写苏东坡七言绝句八首，横披形式。

一九八七年　八十六岁

题旧作梅画《仿佛月下》。

隶书临东汉碑刻四幅。

一月，篆书临汉铜器铭文扇面，赠薛志扬。

又隶书临裴岑《纪功颂》。

二月十二日，行书写李白《听蜀僧濬弹琴》《题元丹丘山居》二诗赠叔眉。

二月十二日前，行书写李白《寄当涂赵少府炎》。

十三、十四日，行书横披王仲宣《登楼赋》赠台师大教授沈秋雄。

又行书写姜夔七绝十七首，并录《娱书堂诗话》于卷末。

四月五日前，隶书临东汉石刻碑表颂四屏。

四月二、三日，画墨梅，花枝稀疏。题诗句云："纸窗竹屋清霜夜，画到梅花便是君。"

十一日，为台大中文系名誉教授毛子水先生九十五岁诞辰。中文系同仁撰文编为论文集贺寿。以隶体题署封面《毛子水先生九五寿庆论文集》。又孔德成撰"寿高伏胜，业媲张侯"一联祝贺，受邀以隶体大字书写，当晚寿宴悬挂。

下旬，画墨梅大小两株，枝少花疏。题冬心句云："故人近日全疏我，折得梅儿赠与谁。"

作《怀诗人寥音》，载于一九八七年五月一日台湾《中国时报副刊·人间》，收入《龙坡杂文》。

五月四日，临苏轼《寒食帖》，并书黄庭坚《跋》。

下旬，隶书写《鹤寿》大字。

六月，行书写苏轼《后赤壁赋》。

下旬，白内障动手术后画墨梅小品，并题诗。

夏，隶书写张大千集张黑女字赠张临生七言联："出水新蒲含秀气，临风春草散清芳。"

七月，作《始经丧乱》文，追记民国廿六年七七事变后，自北平出亡，辗转南下复西上入川经过。十二月一日刊于台北《联合文学》第卅八期，收入《龙坡杂文》。

八月，受聘任辅大中文研究所讲座教授。开"治学方法研究"课程至学期结束。临苏轼《寒食帖》二首。

八、九月间，行书写辛弃疾词《永遇乐·京口北固亭怀古》，自称："年八十六，廉颇能饭，尚未老也。"

十月，《台湾大学教职员书画集》出版，台先生以行楷题封面，并提供书法六幅，篆刻四十方以襄其事。

冬，行书写七言联："度是春风常长物，心如秋水不沾尘。"

书汉简笔意联文："谁知大隐者，乃为不羁人。"

一九八八年　八十七岁

隶书写五言联："老境行将及，仙书读未闲。"

一月，行草写秦观诗五首。

汇集历年所作卅五篇文章编为《龙坡杂文》，三月廿四日自序编辑经过缘由。

四月,临汉简放大书之,一幅四十四字。

是月中旬,隶书写五言联:"海上生明月,天涯若比邻。"

是月中下旬,行书写南朝梁代庾肩吾《书品》,赠海天堂主人。

六月中旬,临明代王世贞石刻拓本行笔《千字文》,评王世贞字"遒逸飞动,往往妙境"。时病目,自悲临此"殊不成字"。

七月,《龙坡杂文》出版。

八月,行书写宋代陈后山诗二首,赠林中明(台大中文系张清徽教授次子)夫妇。

为沈秋雄行书写梁启超集宋词十一言联。

秋,赠《龙坡杂文》集与王叔岷先生。九月三日王叔岷读后感赋《龙坡》诗。

九月二十五日,隶书临裴岑《纪功颂》。又篆书临《秦诏版》二十九字。

九、十月之际,行书写元好问《春日》诗句"忽惊此日仍为客,却想当年似隔生",寄赠方重禹。

十月,再破例为老友郑因百先生所著《清昼堂诗集》

题署。

十九日后,行草书旧作《题庄严华岩洞画像》诗,追念故人。

十一月,行草写纳兰性德《浣溪沙》。

十二月十五日,隶书临《衡方碑》,赠曾绍杰。

获四十多年前白沙女师院同事方重禹来函,十二月回复。

一九八九年 八十八岁

直幅红梅,孤干枝少花稀,题以恽南田诗句。

为台湾"商务印书馆"编《溥心畬书画遗集》作序,称溥绘画"高才健笔,潇洒天真,以诗人之襟怀,发山川之灵秀",称其书法"笔思超妙,工于各体"。

行书写杜甫《客至》条幅。

行书写台湾《竹枝词》四首横披。

春初,画扇面梅花一幅。

二月,集《石门摩崖石刻》字,隶书写五言联:"断石校汉隶,高秋诵楚辞。"

手抄《白沙草》及《龙坡草》合为《龙坡丈室诗稿》,共六十九首。

一、二月间，获读郑因百先生《清昼堂诗集》，作七绝一首，推重其诗风"精深隽雅"，并赞扬其自作注释编年，开诗家新例。

二月，赋诗悼念于韵闲夫人，时距夫人卒三年五个月。

二月（？），作诗叹"老去空余渡海心"，以首二字为题。

二月五日，隶书写《石门颂》七言联："西安石上校汉隶，北海尊前诵楚辞。"

自选历年所著论文二十五篇为《静农论文集》。四月作序言，略述各篇作意。十月由台北联经出版公司印行。

五月廿一日前后，行书写杜甫《秋兴八首》长卷。后王壮为题引首"龙坡墨妙"四字，启功题诗并作跋，汪中、吴平、徐邦达等皆有跋文。

六月八日后，行书写王维《晦日游大理韦卿城南别业》诗二首。

七月，"中央研究院"筹设中国文哲研究所，受聘为筹备处咨询委员。

八月，台大考古人类系李济门人宋文薰、张光直等，为其师撰文立碑纪念，以华山分隶为之书写。

中秋前作《〈刘旦宅先生画集〉序》，《刘旦宅先生画集》当年十月由台北皇冠出版社出版。

绘画小品十二幅赠君硕,君硕集为《龙坡丈室幽事册》携以示李猷。九月,李猷题诗两首称美并记其事。

九月十四日后,隶书临《石门颂》,自"君德明明"至"勒石颂德"一百八十一字。

十月下旬,隶书临《爨龙颜碑》,自"夏后之盛,敷陈五教"至"三辟别驾从事史,正是当朝"二百三十六字。

二十七日,致益坚函称:"台大另配给房子,尚未修理,可能过了年,才能迁入。"又云:"我的《论学集》刚出版,有四百七十页。"末署:"十月廿七父书。"

接李霁野七月廿九日来信,十月复函称:"正准备搬出龙坡里……天天在整理书籍,……四十二年老窝,一旦被逼'扫地出门',为之丧气,……去年七月,我出了一本《龙坡杂文》……《论学集》一本刚出版。……自传写不出来,但想写几篇回忆的文字。《书艺》原为遣闷,意外得名,越写越觉得难,精力现已不给。"

十一月,获得"中山学术文化基金会"文艺创作奖。

十二月,以《龙坡杂文》获台湾《中国时报》第十二届文学奖中之"推荐奖"。

三日,行草写陆游《三峡歌》等三首。

台北谷风出版社印行《鲁迅全集》十六册,以分隶题署封面。

一九九〇年　八十九岁

一月中旬，自居住四十余年温州街十八巷六号"歇脚盦"迁至温州街二十五号。旧居难舍，心情不快。旋感饮食困难，廿一日住进台大医院检查，证实为患食道癌。

移家新居后，住院前，捡得旧纸，行书写《苑北论书诗》三首。

期间暂时出院，题旧作梅画，诗云："千年老干屈如铁，一夜东风都作花。"取前绘二枝墨菊配数根翻秋草图，二三月病中题云："秋塘逸趣。"

卧病期间，以去年二月手抄诗稿影本分赠部分门人，宣称："给你们留作纪念。"受者知其心意，无不感伤。

四月，致李霁野函称："入医院近三个月，非常痛苦，自确定为食道癌后，即作各种诊疗，痛苦不堪。关于兄拟在此间投稿印书事，已托人接洽。"

五月中下旬，接李霁野五月十日来函及录音带。函中多忆往话旧之语，末附旧体诗三首及其夫人文贞女士附笔问候短笺。函称因家中未装电话，希望互寄录音，借代交谈。

是年夏，在医院病榻吩咐家人将珍藏倪元璐书画真迹捐赠"故宫博物院"，并同意捐赠自作书法六件。

获李霁野七月九日来函，函中道及六十年前共同朋友韦素园逝世及安葬事，并希望尽快寄往谈话录音带。

八月间，收到李霁野八月一日来信，称台先生的小说在大陆甚受欢迎，自己所译《简爱》一书，亦受人喜爱。最后称述鲁迅："我们可以向他的在天之灵高呼：'有你做我们的楷模，我们永远不会失掉自信力。'"

十日，李霁野来函称："我八十岁生日时，北京电视台还来人录了电视片……还有一次电视是针对台湾观众的……他们解释说：'"文化大革命"，有些知识分子受到一些委屈，也是实情，但外边的宣传也很有过火之处，为解除误会，我们只如实录些家庭实况。'"

二十日，李霁野三度来函，告诉台先生字画刻碑于蓟县长城事："我又想起一件事，以前没有告诉过你……当时考虑后擅自作了决定。天津的郊区蓟县有一段长城，修好后作为旅游点，书法家协会想请全国知名的书法家赋诗题字，建立一个碑林。……他们早就知道你是出名的书法家，又清楚你是我童年的朋友，便多次找我请你赋诗写字，……所以就将你转寄给我亲笔书写的诗，选一首给他们去刻碑。他们把你画的梅花也拿去刻在同一块碑上了。……"

下旬，长子益坚遵前嘱将倪元璐书画五件送往"故宫博物院"捐赠。又《明人诗札》六册亦同时捐赠。

九月，陈子善编辑《台静农散文集》，北京人民日报出版社印行，收入散文作品四十五篇。

十月，《台静农短篇小说集》，恢复原名《地之子》，由远景出版社刊行第三版。

十一月九日中午十二时五十分，台静农逝世于台北市台大医院九一九病房，享年八十九岁。

十一月二十五日上午十时，在台北市辛亥路第二殡仪馆景仰厅，举行公祭，与祭者数百人，台湾大学，台大中文系、中文研究所、文学院等单位暨门生故旧均致送挽联，颂其一生化育功勋及学术艺文成就。当日，台先生灵柩及夫人于韵闲骨灰罐合葬于台北县金山墓园。台大中文系兼任教授孔德成为作墓碑，并以楷书撰写立于墓侧。

遗作《〈古典小说论丛〉序》，载于台湾《中央日报·副刊》。

十一月末，丧事既毕，家属将台先生自写书法六件送往台北"故宫博物院"捐赠。

十一、十二月，翰墨轩先后在香港、台北两地举行"台静农作品展"。其中有隶书对联:"花好月圆人寿,时和世泰年丰。"款识:"庚申冬月静农。"还有一幅两株墨梅作品,款识云:"米寿翁写牵手梅为伯和丽珠俪赏。"

十二月一日,香港《名家翰墨》月刊,出版《台静农、启功专号》。专号原为纪念台先生九十寿诞,然出版时,已未及送台先生目睹。

一九九一年　逝后一年

二月十七日,台先生逝世满百日,其家属在台北市济南路华严莲寺诵经追荐,台大中文系师生及学界人士多前往行礼追思致意。

五月,台北华正书局出版《静农书艺续集》。

五月四日至六月五日,台大中文系为纪念台先生,特举办"台静农先生的人格与艺术"六场演讲。

十一月九日,台先生逝世周年,《台静农先生纪念文集》由台北洪范书局出版。

一九九二年　逝后二年

六月,陈子善、秦贤次合编《我与老舍与酒——台静农文集》,由台北联经出版公司印行。

一九九三年　逝后三年

二月,《台静农先生辑存遗稿》,由台北南港"中央研究院"中国文哲研究所筹备处印行。

一九九四年　逝后四年

冬,台先生哲嗣益公与媳陈惠敏夫妇携台先生画作赴北京见启功,启功观画后支持编辑出版,以广流传,并为其中二幅梅画题诗,署记。翌年出版。启功取台先生非有意作画之义,名画集为《静农墨戏集》,并题署。

一九九五年　逝后五年

三月《静农墨戏集》编成,二十九日林文月作后记。

八月,陈子善编《回忆台静农》,由上海教育出版社出版。

九月,郭豫伦等编《静农墨戏集》,由台北市鸿展艺术中心出版。

一九九六年　逝后六年

六月,"中研院"文哲所编《台静农先生珍藏书札一》

出版。

十一月，河北教育出版社出版《二十世纪书法经典：台静农卷》。

一九九七年　逝后七年

八月，杜三鑫编《台静农（书艺）》，由台北市何创时书法艺术文教基金会出版。

十一月，台北外双溪"故宫博物院"举行"台静农先生遗赠书画展览"，并出版专集。

一九九八年　逝后八年

九月，卢廷清著《台静农的书法艺术》，由台北蕙风堂印行。

二〇〇〇年　逝后十年

五月，《台大中文学报》出版专刊，纪念台先生逝世十周年。

十二月二十八日，家属将台先生剩留遗稿及有关资料捐赠台大图书馆。

二〇〇一年　逝后十一年

三月六日,"中研院"文哲所将所藏台先生手稿、函札等多种资料交由台大中文系转送台大图书馆收藏。

十月一日,许礼平主编《台静农法书集(一)》,由香港名家翰墨丛刊社出版。

十月廿五日,台北市历史博物馆举行"台静农书画纪念展"并出版《台静农书画纪念集》。

十一月九日,许礼平编注《台静农诗集》,由香港翰墨轩出版。

十一月廿三日,台先生百岁冥诞,台大中文系廿三、廿四两日,举办"百年光华"纪念会。节目有:一、手稿书画展。二、纪念座谈会——台静农先生的风范。三、纪念学术研讨会。

许礼平主编《台静农法书集(二)》,由香港名家翰墨丛刊社出版。

十一月,卢廷清著《沉郁劲拔台静农》,由台北市雄狮图书公司出版。

十二月廿六日,许礼平编《台静农——逸兴》书画册,由香港名家翰墨丛刊社出版。

二〇〇九年　逝后十九年

罗联添编著《台静农先生学术艺文编年考释》(上、下卷)，由台北学生书局出版。

二〇一二年　逝后二十二年

北京鲁迅博物馆和香港香江博物馆联合举办的"无穷天地去穷感——台静农书画精品展"及纪念台静农先生诞辰一百一十周年学术研讨会在北京鲁迅博物馆举行。